padres activos

Cómo conseguir que tu hijo valore
LA SINCERIDAD

Pedro Marcet Bonel

Casals

Coordinación editorial: Ramon Manté
Revisión lingüística: Silvia Jofressa
Diseño de la cubierta e interior: Mònica Campdepadrós

© Pedro Marcet Bonel
© Editorial Casals S.A.
  Caspe 79, 08013 Barcelona
  Tel.: 93 244 95 50   Fax: 93 265 68 95
  http://www.editorialcasals.com

Primera edición: octubre de 2010
ISBN: 978-84-218-4374-1
Depósito Legal: M-42787-2010
Printed in Spain
Impreso en Edigrafos, S. A., Getafe (Madrid)

INTRODUCCIÓN

EL VALOR DE DECIR LA VERDAD

En muchas ocasiones, cuando pensamos en la educación de nuestros hijos, nos damos cuenta de que todos los valores que deseamos inculcarles tienen una misma clave, original y revolucionaria, que cuando se descubre convierte nuestra labor formativa en algo mucho más sencillo.

Ante este gran valor de la sinceridad, fundamental en los más pequeños, nos damos cuenta de que decir la verdad exige esfuerzo. Los niños serán sinceros si somos capaces de transmitirles la idea de que vale la pena ser sinceros. Con paciencia y cariño hemos de irles corrigiendo, para que entiendan que las consecuencias de su sinceridad siempre son mejores que la mentira. Entonces desearán superar las dificultades que ello lleva consigo y dirán la verdad. Y con la sinceridad llega la felicidad.

La sinceridad exige esfuerzo, porque tras el dilema de la verdad hay temores, tanto en niños como en adultos: miedo al castigo, a la pérdida de confianza, a ser descubiertos...

A lo largo del libro veremos los distintos tipos de mentira u omisión de la verdad. Hay que ser muy comprensivos a la hora de detectar esas mentiras en los niños, y hay que entender que dependiendo de la edad del niño se presentan unas dificultades u otras al momento de decir siempre la verdad. Iremos repasando las distintas etapas de nuestros hijos para poder entender mejor estas dificultades.

La idea clave de todo el proceso es que los adultos hemos de dar ejemplo, porque la mejor forma de educar en cualquier virtud es el ejemplo que se da. Hemos de plantearnos en serio ser un verdadero ejemplo de sinceridad y honestidad ante nuestros hijos. Éste es el mejor consejo que os quiero dar antes de empezar a leer nada más. Nuestros hijos harán lo que vean en sus padres, queramos o no. Hemos de darnos cuenta de la gran responsabilidad que conlleva su educación.

Para finalizar, quisiera recordad que la sinceridad lleva a la felicidad, a la alegría. Insisto en ello porque vale la pena tenerlo siempre en cuenta y transmitirlo a nuestros hijos. El niño es feliz porque no esconde nada, porque sabe comunicar los errores a sus padres, porque se da cuenta de que puede equivocarse y que sus padres estarán junto a él y siempre le ayudarán en todo, porque que confían siempre en él. Es feliz porque muchas veces cuesta ser sincero, pero si se supera esa virtud le llenará totalmente, más que nada en el mundo.

Vale la pena hacer el esfuerzo y mejorar un aspecto que quizá no hemos cuidado mucho, pero que deseamos para nuestros hijos. ¿Por qué no cambiar de una vez esos hábitos internos y externos que nos ayudarán a nosotros mismos a ser más ordenados?

No vale tirar la toalla y decir que no lo has conseguido para ti, pero que lo deseas para tu hijo. No hay escapatoria. Primero tú y luego tu hijo. Es imposible cambiar los términos de este proyecto que iniciamos juntos al empezar a leer este libro.

Os deseo una lectura provechosa y espero que las experiencias que quiero transmitiros os sean de utilidad.

CAPÍTULO 1

¿QUÉ ES LA SINCERIDAD?

→ Definición

Antes de empezar a relatar tantos aspectos de esta virtud es conveniente definirla para dejar claro el concepto desde el principio.

David Isaacs define la sinceridad como: "Manifestar, si es conveniente, a la persona idónea y en el momento adecuado, lo que hemos hecho, lo que hemos visto, lo que pensamos, lo que sentimos... con claridad, respecto a nuestra situación personal o a la de los demás."

Esta definición nos sirve para dar un primer paso en el concepto de sinceridad. Una persona puede ser también sincera sin manifestar nada a nadie, simplemente con su actitud.

Se habla de la sinceridad de la juventud, de la sinceridad del nuevo teatro... y sin embargo con estas expresiones se pone al descubierto el desconocimiento de lo que significa realmente dicha virtud. Este exceso de sinceridad, que se intenta poner de moda como una corriente moderna, muy atractiva para la juventud, tiene un problema evidente: la sinceridad debe estar gobernada por la caridad y por la prudencia.

Hay que decir la verdad con caridad, lo que significa que hay que medir las palabras, lo que decimos. Puede ocurrir que, por ser tan sinceros, hiramos a alguien con lo que hacemos o decimos.

La falsa apreciación de la realidad es otro defecto de la sinceridad. La mentira, la hipocresía, la adulación, la calumnia, la murmuración son manifestaciones intencionadamente equívocas de una realidad conocida.

Veamos a modo de ejemplo una anécdota que protagonizó Esopo, hace más de 2.000 años, que nos habla sobre este doble poder de la palabra, "de la lengua".

> Un rico mercader griego tenía un esclavo llamado Esopo. Un esclavo no muy bien parecido, feo, pero con una sabiduría única en el mundo. En cierta ocasión, para probar las cualidades de su esclavo, el mercader ordenó:
>
> –Toma, Esopo. Aquí está este saco de monedas. Corre al mercado y compra los mejores ingredientes para un banquete. La mejor comida del mundo.
>
> Poco tiempo después, Esopo volvió del mercado y colocó sobre la mesa un plato cubierto por un fino paño de lino.
>
> El mercader levantó el paño y se sorprendió:
>
> –¡Ah! , ¿lengua? Nada como una buena lengua que los pastores griegos saben preparar muy bien. Pero ¿por qué escogiste exactamente a la lengua como la mejor comida del mundo?
>
> El esclavo, con la mirada baja, explicó su preferencia:
>
> –¿Qué hay mejor que la lengua, señor? La lengua nos une a todos, cuando hablamos. Sin la lengua no podríamos entendernos. La lengua es la llave, el órgano de la verdad y la razón. Gracias a la lengua se construyen ciudades, gracias a la lengua

podemos expresar nuestro amor. La lengua es el órgano del cariño, de la ternura, del amor, de la comprensión. Es la lengua que torna eternos los versos de los poetas, las ideas de los grandes escritores. Con la lengua se enseña, se persuade, se instruye, se reza, se explica, se canta, se describe, se elogia, se demuestra, se afirma. Con la lengua decimos "madre" y "querida" y "Dios". Con la lengua decimos "sí", con la lengua decimos "¡te amo!" ¿Puede haber algo mejor que la lengua, señor?

El mercader se levantó entusiasmado:

–¡Muy bien. Esopo! Realmente me has traído lo mejor que hay. Toma ahora este otro saco de monedas. Anda de nuevo al mercado y trae lo que haya de peor, pues quiero ver tu sabiduría.

Después de algún tiempo, el esclavo Esopo volvió del mercado trayendo un plato cubierto por un paño.

El mercader lo recibió con una sonrisa:

–Hummm... ya, sé lo que hay de mejor. Veamos ahora lo que hay de peor...

El mercader descubrió el plato y quedó indignado:

–¿Quéee? ¿Lengua? ¿Lengua otra vez? ¿Lengua? ¿No dijiste que la lengua era lo mejor que había? ¿Quieres ser azotado?

Esopo bajó la mirada y respondió:

–La lengua, señor, es lo peor que hay en el mundo. Es la fuente de todas las intrigas, el inicio de todos los procesos, la madre de todas las discusiones. Es la lengua la que separa a la humanidad, que divide a los pueblos. Es la lengua la que usan los malos políticos cuando quieren engañar con sus falsas promesas. Es la lengua la que usan los pícaros cuando quieren estafar. La lengua es el órgano de la mentira, de la discordia, de los malentendidos, de las guerras, de la explotación. Es la lengua la que miente, la que esconde, que engaña, que explota, que blasfema, que insulta, que se acobarda, que mendiga, que provoca, que destruye, que calumnia, que vende, que seduce, que corrompe. Con la lengua decimos "muere" y "canalla" y "demonio". Con la lengua decimos "no". Con la lengua decimos "¡te odio!". Ahí está, señor, por qué la lengua es la mejor y la peor de todas las cosas.

La sinceridad y la humildad son dos formas de manifestar una única realidad. En definitiva, la humildad lo que hace es regular la tendencia del hombre a exaltarse por encima de su propia realidad. Por esa razón, no tiene ningún sentido la sinceridad si no nos conocemos realmente como somos, si nos engañamos a nosotros mismos.

→ **Ser objetivo**

Por lo tanto, es muy importante desarrollar la propia intimidad, porque esto nos ayuda a valorar lo que cada uno es en realidad. Ver la realidad de forma objetiva es la base para una mejora. Pero para ello es necesario distinguir entre lo importante y lo secundario. Veámoslo en este ejemplo:

> Existía antaño un rey llamado Rostro de Espejo. Reunió un día a unos ciegos de nacimiento y les dijo:

—Oh, ciegos de nacimiento, ¿conocéis a los elefantes?

Respondieron:

—Oh, gran rey, no los conocemos. No tenemos ninguna noción de ellos.

El rey les dijo entonces:

—¿Deseáis conocer su forma?

Ordenó entonces el rey a sus servidores que trajeran un elefante, y a los ciegos que tocaran el animal con sus propias manos. Entre estos, algunos cogieron la trompa al palpar al animal y les dijo el rey:

—Eso es el elefante.

Los demás, al palpar al elefante, tocaron unos la oreja, otros los colmillos, otros la cabeza, otros el lomo, otros un costado, otros un muslo, otros la pata anterior, otros la huella de las pisadas, otros la cola. A todos les decía el rey:

—Esto es el elefante.

Entonces el rey Rostro de Espejo hizo que retiraran al elefante y preguntó a los ciegos:

—¿De qué naturaleza es el elefante?

Los ciegos que habían tocado la trompa dijeron:

—El elefante es semejante a una gran serpiente.

Los que habían tocado la oreja dijeron:

–El elefante es semejante a un abanico.

Los que habían tocado un colmillo dijeron:

–El elefante es semejante a una lanza.

Los que habían tocado la cabeza dijeron;

–El elefante es semejante a un, caldero.

Y así lo fueron describiendo según la parte que habían tocado. Luego se acusaron todos unos a otros de estar equivocados. Unos decían:

–Es así.

Los demás decían:

–No es así.

En lugar de aplacarse, la discusión se convirtió en una querella.

Cuando vio esto el rey, no pudo menos de reírse, y luego pronunció esta sentencia:

–Los ciegos aquí reunidos discuten y se pelean. El cuerpo del elefante es naturalmente único. Son las distintas percepciones las que han provocado estos errores divergentes.

Como decíamos anteriormente, intentar ser objetivos es la base para una mejora, partiendo, claro está, de la base de que una persona desea mejorar. Si no es así, no vale la pena esa distinción. Es más fácil buscar el placer que cada momento te pide, engañarnos cuando las cosas no salen bien o evadirnos con estímulos de otro tipo.

Si deseamos mejorar, hacer las cosas bien, entonces deberemos intentar, a la hora de educar a nuestros hijos, que vean esta mejora como algo importante y fundamental y se convierta en criterio en su modo de actuar.

Está claro que el deseo de mejora personal lo entiende mejor un adulto que un niño pequeño. Sin embargo, éste debe recibir una información cuanto antes para que reconozca que hay una finalidad en su vida. Esta finalidad sólo se puede alcanzar con el esfuerzo personal, apoyándose en las cualidades propias. Para ser sincero consigo mismo, es necesario saber que esa disposición le va ayudar a mejorar.

Pongamos como ejemplo que una niña pequeña dice una mentira a sus padres. Si cree que simplemente debe decir la verdad porque ellos han establecido esta regla en casa, posiblemente mentirá para no recibir el castigo correspondiente a la infracción de la regla. Por el contrario, si piensa que decir la verdad puede beneficiarle y le puede ayudar a mejorar y sus padres se lo enfocan así, posiblemente no mienta o tendrá menos motivos para mentir, aunque puede hacerlo por otros motivos que desarrollaremos más adelante.

Sin embargo, ya tenemos la clave, el sentido que hemos de darle a esta virtud que nos ayudará a mejorar.

→ **El problema de la mentira**

Cuando más cuesta ser sincero es cuando hay algo realmente difícil de decir. Y es entonces cuando postergar la sinceridad puede tener consecuencias fatales. Por ello siempre es aconsejable decirlo todo cuanto antes.

En ocasiones el miedo a que nuestros hijos lo pasen mal hace que no seamos del todo sinceros con ellos, lo que pude llevar a situaciones complicadas e incluso ridículas, como el ejemplo que veremos a continuación que es un hecho real.

Una familia normal y corriente decidió marcharse de vacaciones en verano a un pequeño pueblecito perdido en la montaña. Para no dejar sola a la abuela todo el mes, se llevaron a la abuela con ellos.

A pocos días de la vuelta ocurrió que la abuela no se levantó de la cama, había pasado a mejor vida.

Como enviar un coche funerario a recoger el cadáver a un pueblo perdido de la mano de Dios es carísimo, los padres decidieron buscarse la vida para trasladar a la abuela de vuelta a la ciudad hasta su última morada.

Los padres no querían que los niños se enteraran de nada hasta que no fuera el momento, así que en un principio pensaron en llevar a la pobre mujer en el asiento de detrás y decirles que estaba durmiendo. Pero luego pensaron que, al enterarse de la noticia, el hecho de haber viajado junto a la abuela fallecida podría provocarles un terrible trauma, así que, ni cortos ni perezosos, decidieron envolverla en unas mantas, subirla a la baca del coche y llevarla atada con unas cuerdas todo el viaje.

A los niños les contaron que la abuela se había quedado a pasar el resto del verano con unas amigas nuevas que había hecho en el pueblo, así que no sospecharon nada en absoluto.

Parecía que todo iba a salir sin mayores complicaciones hasta que pararon en una gasolinera y se bajaron del coche para repostar y tomar unos refrescos. Tardaron bastante en regresar al automóvil y a la vuelta se dieron cuenta horrorizados de que les habían robado a la abuela.

Ante estos hechos, la policía tuvo que tomar cartas en el asunto, porque la desaparición de un cadáver es un tema serio, y actualmente el asunto está en manos de los tribunales.

Éste es tan solo un ejemplo de cómo se puede complicar una situación cuando va dirigida por la mentira. Además, es importante tener claro que los niños se dan cuenta de todo y es mejor hacerles partícipes de la verdad.

Todos sabemos que a veces los hijos nos mienten. Muchos de nosotros también mentíamos a nuestros padres cuando éramos pequeños. Sin embargo, eso no nos debe llevar a pensar que no debemos ayudarles a ser sinceros, ante todo hay que tener presente que la sinceridad les ayudará a mejorar como personas.

¿Qué debemos hacer como padres? ¿Cómo podemos conservar la confianza y a la vez generar sinceridad sin invadir su intimidad y autonomía mientras crecen? No hay que convertir cada mentira en un drama, pero tampoco podemos dejarlo pasar aunque muchas veces puede resultar una tentación por pura comodidad. Tampoco queremos convertirnos en un blanco fácil para mentir y sin embargo queremos confiar en ellos. Es todo un dilema educativo el que se nos presenta al tratar esta virtud y hemos de resolverlo con eficacia, porque se trata de la formación de nuestros hijos en un aspecto básico que se proyectará a lo largo de toda su vida.

Son preguntas difíciles que no tienen una respuesta sencilla. La mayoría de nosotros mentimos con más frecuencia de lo que pensamos en realidad y no nos damos cuenta de la influencia que esto puede tener en nuestros hijos. La mayor parte de los padres no sabemos qué hacer cuando nos encontramos con la primera mentira grave de nuestro hijo.

Existen muy pocos libros especializados en la educación de la sinceridad, por ello este libro desea aportar luz sobre esta cuestión y ayudar a las familias a adquirir criterios claros de actuación frente a este tema tan importante tema que vivimos en el día a día de la familia.

CAPÍTULO 2

ALGUNOS CONCEPTOS SOBRE LA SINCERIDAD

Antes de pasar a hablar de la mentira y por qué se miente, es importante tener claros algunos conceptos sobre la sinceridad.

Hemos hablado de la sinceridad de la juventud como algo que se plantea como una moda: "ser sincero", "ser auténtico". Los jóvenes hablan de una sinceridad sin barreras donde no existe la prudencia y la caridad argumentando que ésa es la verdadera sinceridad. Quizá en algún momento, nuestros hijos comenten esto y hemos de saber darles criterio para que entiendan dónde puede estar su error, ya que, para un joven, este planteamiento, puede ser un punto de vista muy atractivo aunque equivocado. No se puede decir todo lo que uno piensa a cada momento y hay que cuidar las formas de decirlo, por las consecuencias negativas que puede conllevar.

→ "Yo es que soy muy sincero"

Da miedo cuando alguien empieza por ahí. Porque después de esa frase, si tengo suerte, va a decir que estoy más gordo y más calvo y que me sienta fatal la camisa que llevo. Pero puede ser peor y en un ataque de sinceridad soltar sin tapujos todos mis defectos pasados, presentes, futuros y posibles.

Esta actitud es totalmente errónea, ser sinceros no significa decir a la cara de alguien todas sus posibles imperfecciones, o que con tal de que lo que se diga sea verdad no se tiene por qué andar refrenando la lengua. Son dos graves errores de bulto.

La sinceridad no da licencia, bajo ningún concepto, para soltar todo lo que a uno le pase por la cabeza por muy verdad que sea. No se me olvidará aquella tarde en el bar, cuando una señora a otra, con la cosa de que era muy sincera criticó su bolso y su vestido, le dijo que no le sentaba bien el peinado, lo poco sociable que era su marido y hasta ese color del coche tan sucio. Lo único que exige el deber de la veracidad es que sea cierto lo que yo diga. Aunque sea poquito, que suele ser lo mejor.

Pues bien, cuando alguien me manifiesta que tiene que decirme unas cosas porque es muy sincero, mi respuesta suele ser que además de sincero sea caritativo y prudente. Lo digo así porque quizás vaya a decir cosas no suficientemente contrastadas de mí o de otros –juicio temerario–, o vaya acusar de algo no cierto –calumnia– o puede ser que quiera sacar a la luz defectos ocultos, lo que sería difamación.

Me da miedo la sinceridad "a lo bruto": como soy muy sincero toma, toma y toma. Sin embargo, agradezco la sinceridad que sale del amor y la prudencia.

Fue divertido cómo acabó lo del bar. Porque la criticada decidió sacar también toda su sinceridad y contestó a la amiga que si se había mirado al espejo, y que siendo sincera la encontraba vieja, mal arreglada, con un vestido horroroso y cada día más impertinente. Fueron tan sinceras las dos que no volvieron a hablarse. Faltó lo mismo en ambos lados: caridad y prudencia.

→ La honestidad

Es aquella cualidad humana por la cual la persona se determina a elegir actuar siempre con base en la verdad y en la auténtica justicia (dando a cada cual lo que le corresponde, incluida ella misma).

Ser honesto es ser leal, acorde con la evidencia que presenta el mundo y sus diversos fenómenos y elementos; significa ser genuino, auténtico, objetivo. La honestidad expresa respeto por uno mismo y por los demás, que, como nosotros, "son como son" y no existe razón alguna para esconderlo. Esta actitud siembra confianza en uno mismo y en aquellos que están en contacto con la persona honesta.

La honestidad no consiste solamente en la franqueza (capacidad de decir la verdad), sino en asumir que la verdad es sólo una. La verdad no depende de personas o consensos, depende de lo que el mundo real nos presenta como innegable e imprescindible de reconocer.

Es importante también saber distinguir lo que no es honestidad:

- No es la simple honradez que lleva a la persona a respetar la distribución de los bienes materiales. La honradez es sólo una consecuencia particular de ser honestos y justos.

- No es el mero reconocimiento de las emociones "así me siento" o "es lo que verdaderamente siento". Ser honesto, además, implica el análisis sobre cuán reales o verdaderos son nuestros sentimientos, y ordenarlos buscando el bien de los demás y el propio.

- No es la desordenada apertura de la propia intimidad en aras de "no esconder quien realmente somos". Implicará la verdadera sinceridad, con las personas adecuadas y en los momentos correctos.

- No es la actitud cínica e impúdica por la que se habla de cualquier cosa con cualquiera... la franqueza tiene como prioridad el reconocimiento de la verdad y no el desorden.

Hay que tomar la honestidad en serio, ser conscientes de cómo nos afecta cualquier falta de honestidad, por pequeña que sea... Es una condición fundamental para las relaciones humanas, para la amistad y la auténtica vida comunitaria. Ser deshonesto es ser falso, injusto, ficticio. La deshonestidad no respeta a la persona en sí misma y busca la sombra, el encubrimiento: es una disposición a vivir en la oscuridad. La honestidad, en cambio, tiñe la vida de confianza, sinceridad y apertura, y expresa la disposición de vivir a la luz de la verdad.

Forma parte de aquellas cualidades más gratas que puede poseer una persona. Garantiza confianza, seguridad, respaldo, confidencia, integridad. Si alguna vez debemos hacer un listado de las cualidades que nos gustaría encontrar en las personas o mejor aún, que nos gustaría poseer, seguramente enunciaremos la honestidad.

En este sentido, la honestidad es una forma de vivir congruente entre lo que se piensa y la conducta que se observa hacia el prójimo, que junto a la justicia, exige en dar a cada cual lo que le es debido. En nuestra vida encontramos a diario actitudes deshonestas como la hipocresía –alguien que aparenta una personalidad que no tiene para ganarse la estimación de los demás–, la mentira –el simular trabajar o estudiar para no recibir una llamada de atención de los padres o del jefe inmediato, el no guardar las confidencias incumpliendo con la palabra dada– y la infidelidad.

Ser deshonestos nos lleva a romper los lazos de amistad establecidos, en la familia y en el ambiente social en el que nos desenvolvemos. Incluso, la convivencia bajo estos parámetros se torna imposible, pues no hay convivencia posible si no podemos confiar los unos en los otros.

Ser honestos significa ser sinceros en todo lo que decimos y hacemos: fieles a las promesas hechas con las personas que participan de la misma labor; actuando justamente en el comercio y en las opiniones que damos respecto a los demás. Los que nos rodean esperan que nos comportemos de forma seria, correcta, justa, desinteresada, con espíritu de servicio, pues saben que siempre damos un poco más de lo esperado.

La honestidad es un valor que se vive cotidianamente con los demás: tratando de no perjudicar o herir susceptibilidades, lo cual se puede dar cuando les atribuimos defectos que no tienen o juzgando con ligereza su actuar; incluso, evitando sacar provecho u obtener algún beneficio a costa de sus debilidades o de su ignorancia; procurar no apropiarnos de aquella información importante o de aquel problema que nos han confiado al solicitar nuestra ayuda; tratar de no generar discordia y malentendidos entre las personas que conocemos; señalando con firmeza el grave error que se comete al hacer calumnias y difamaciones de quienes que no están presentes; devolviendo con oportunidad las cosas que no nos pertenecen y restituyendo todo aquello que de manera involuntaria o por descuido hayamos dañado.

Si realmente pretendemos ser honestos, debemos empezar por asumir con valor nuestros defectos, buscando aquella manera que resulte más eficaz para superarlos, llevando a cabo acciones que mejoren todo aquello que afecta a nuestra persona y como consecuencia, a nuestros semejantes. Esto supone aprender a rectificar ante un error y cumplir con nuestras labores grandes y pequeñas sin hacer distinción.

Esta anécdota divertida puede ayudarnos a entender lo que significa aprender a rectificar:

> El capitán de un barco, de noche, ve unas luces dirigiéndose directamente hacia él, y rápidamente intenta hablar con el otro capitán por radio:
>
> -Aquí el capitán del "Invencible", dirigiéndose al barco no identificado, estamos en rumbo de colisión, cambie su rumbo 10 grados al sur. Cambio.
>
> -Rectifique usted su rumbo 10 grados al norte. Cambio.
>
> -¡Oiga, que soy un capitán, y le ordeno que cambie su rumbo 10 grados al sur! ¡Cambio!
>
> -Pues mire, yo solo soy un marinero de segunda, pero insisto en que sea usted el que modifique su rumbo 10 grados al norte. Cambio.
>
> -¡Pero es que esto es un portaaviones, y tengo prioridad, y tengo prioridad! ¡Cambio!
>
> -Me da igual, esto es un faro.

Si podemos gestar un ambiente cálido y confiable, sostenido por relaciones basadas en la honestidad, nos llevará a crecer como personas, espiritualmente, constituyéndonos en verdaderos hombres de bien.

→ La lealtad

La lealtad es hacer aquello con lo que uno se ha comprometido aún entre circunstancias cambiantes. Un valor sin el cual nos quedamos solos y que debemos vivir nosotros antes que nadie.

La lealtad es una virtud que desarrolla nuestra conciencia. Es un corresponder, una obligación que se tiene con los demás, es un compromiso a defender lo que creemos y en quien creemos.

La lealtad es un valor, pues quien es traidor se queda solo. Cuando somos leales, logramos llevar la amistad y cualquier otra relación a su etapa más profunda. Todos podemos tener un amigo superficial. Sin embargo la lealtad implica un compromiso que va más hondo: es el estar con un amigo en los buenos momentos y en los malos, es el hacer las cosas porque tenemos un compromiso más profundo. Ésta es la llave que nos permite tener auténtico éxito en nuestras relaciones. La lealtad es un valor que no es fácil de encontrar. Hay personas que, al saber que pueden obtener algo de nosotros, se nos acercan y, cuando dejamos de serles útiles, nos abandonan sin más.

La lealtad es esencial en la amistad. Los conocidos se hacen amigos a través de la lealtad mutua. Es nuestro deber el ser leal a aquellos que dependen de nosotros: familia, amigos, equipo, trabajo...

Como vemos, la lealtad se relaciona estrechamente con otras virtudes como la amistad, el respeto, la responsabilidad y la honestidad entre otras.

Podemos ver algunos ejemplos de actitudes desleales: criticar a los demás, haciendo hincapié en sus defectos, lo limitado de sus cualidades o lo mal que hacen su trabajo; divulgar las confidencias; quejarse del modo de ser de alguien y no ayudarle a superarse; dejar una amistad por razones injustificadas y de poca trascendencia; poner poco esfuerzo en los trabajos; cobrar más del precio pactado...

No basta con contradecir las actitudes desleales para ser leal, es necesario detenernos a considerar algunos puntos:

- En toda relación se adquiere un deber respecto a las personas. Como la confianza y el respeto que debe de haber entre padres e hijos, la empresa con los empleados, entre los amigos, los alumnos hacia su escuela...

- Se deben buscar y conocer las virtudes permanentes para cualquier situación. Se es "leal" mientras se comparten las mismas ideas.

- La lealtad no es una consecuencia de un sentimiento afectivo, es el resultado del discernimiento para elegir lo que es correcto.

- Si se coloca como valor fundamental el alcance de objetivos, se pierde el sentido de cooperación. La persona que participa en una actividad sólo por el éxito que se tiene, fácilmente abandona la empresa porque las cosas no salen bien o simplemente deja de obtener los beneficios a los que estaba acostumbrado.

- Lo importante es vivir las virtudes por lo que representan, no por las personas que en algún momento dictan una norma.

Con todo lo anterior veremos que, aún sin darnos cuenta, las relaciones que hemos sabido mantener se deben en gran medida a la vivencia del valor de la lealtad.

→ La autenticidad

Lo auténtico tiene que ver con lo verdadero, lo genuino, lo certificable. Se opone a lo auténtico lo que no es sino una copia, algo parecido pero no igual; quizá a efectos prácticos un sucedáneo, pero en el fondo algo falso, si no fraudulento.

Aplicado a las personas, "auténtico" es quien se comporta según lo que es y debe ser. Dejemos aparte el falso sentido de lo "auténtico" como meramente espontáneo. Según el diccionario, es auténtico el honrado, fiel a sus orígenes y convicciones; fiel, se entiende, en la vida de cada día; de modo que su vida tenga sentido –primero ante sí mismo–, dé frutos, sea útil. Alguien lo formuló así: "El precio de las palabras son los hechos". La autenticidad tiene que ver con la verdad y con el bien, que viene a ser la verdad en la acción.

"Inauténtico" se puede ser por una insuficiente reflexión, por un déficit de racionalidad. Para ser auténtico es necesario que uno sea libre interiormente, y a continuación consecuente consigo mismo.

"Inauténtico" se puede ser también por falta de experiencia, tanto en el sentido de tener experiencia como el de "hacer experiencia" de algo. A quien no ha encontrado amor (en sus padres, educadores, etc.) o quien no ha amado nunca de verdad, no se le puede pedir autenticidad en el amor, hasta que encuentre la oportunidad que a nadie falta en la vida.

"Inauténtico" se puede ser, en fin, si se rehúye a los demás. Si uno no se interesa por lo que les pasa, por sus costumbres y tradiciones, por lo que les alegra o les apena, por lo que necesitan. Porque, en esa medida, uno va dejando de ser humano.

Dicho brevemente, se es auténtico si se vive aquello que se proclama. Y para ello, lo primero es pensar adecuadamente (lo que requiere un tiempo de reflexión y aprendizaje). Y lo segundo, procurar vivir en coherencia con lo que se piensa, sin darlo por supuesto. Bien se dice que cuando uno no vive como piensa –con autenticidad–, acaba pensando cómo vive; es decir, adecuando su pensamiento (de modo inconsciente) a su vida real pero irreflexiva. Y entonces se engaña miserablemente a sí mismo y hace sufrir inútilmente a los demás.

CAPÍTULO 3

LA MENTIRA

La mentira consiste en decir falsedad con intención de engañar. A la esencia de la mentira pertenecen dos cosas: primero, decir lo contrario de lo que se piensa. Segundo, decirlo con intención de engañar.

En la mentira se contienen numerosos males, por lo que es condenable. He aquí algunos de ellos:

- encierra una ofensa directa contra la verdad;

- induce al error a quien se le dice, el cual tiene derecho a no ser engañado;

- lesiona el fundamento de1a comunicación de los hombres entre sí;

- fomenta –y en ocasiones en ella tienen su origen- la vanidad y la soberbia;

- quien miente pierde la reputación y la fama;

- lesiona la caridad en el trato con el prójimo;

- puede faltar a la justicia, cuando se miente en perjuicio de otro;

- la mentira es funesta para la convivencia, puesto que crea desconfianza en las relaciones sociales.

→ Esconder la verdad y mentir

Roberto había estado jugando con el ordenador de su padre, aunque él ya le había dicho que en su ausencia no lo tocara. Aprovechando que no estaba su padre intentó utilizar el ordenador. Como no sabía manejarlo, al encenderlo, el ordenador le pidió una contraseña y no pudo dar con ella. Entonces, tocó una serie de botones que desconfiguraron el ordenador. Al ver lo que había hecho, apagó el ordenador rápidamente y lo guardó tal como estaba.

Cuando su padre regresó a casa y quiso utilizar el ordenador, Roberto estaba cerca y no quiso ni mirar. Su padre se puso nervioso y gritó bastante. Preguntó a su mujer qué había pasado y miró directamente a Roberto pero éste no dijo nada.

¿Mintió o no mintió? No dijo nada, pero ocultó la verdad ¿Es eso mentir? Esconder no es más justificable que mentir. Simplemente, son técnicas diferentes de mentir. Un mentiroso utiliza una u otra técnica dependiendo de las circunstancias. Está claro que todo el mundo prefiere encubrir la verdad antes que decir algo falso. Es mucho más fácil. El que lo practica, no tiene que defender una línea falsa.

Esconder no parece tan malo. Parece peor mentir que ocultar, tanto para el que miente como para el que recibe la mentira. El que oculta algo, siempre puede pensar que estaba a punto de confesar. Sin embargo el mentiroso ha dado un paso más y no puede volverse atrás, en general.

→ ¿Existen las mentiras adecuadas?

Quizá algunos lectores, puedan pensar que no importa por qué Roberto mintió, que simplemente que todas las mentiras son malas. Sin embargo, existe una opinión generalizada que piensa que no es tan grave cuando la mentira sirve para salvar a otros del dolor, de la vergüenza o para proteger la propia intimidad de una intrusión no deseada. En cambio, sí considera graves las mentiras que perjudican a otros o cuyo único propósito es el beneficio personal. De hecho, hay muchos padres que enseñan a sus hijos a mentir si el decir la verdad puede ponerles en peligro.

Pongamos el caso de un niño que está sólo en casa y un hombre con mal aspecto llama a la puerta. Esa persona pregunta si sus padres están en casa y el niño, como tiene miedo, les dice que en estos momentos están haciendo la siesta y que venga más tarde.

Todos los lectores aprobarán esta mentira del niño. Incluso si se lo preguntáramos a un niño diría que esto no es una mentira sino una mentirijilla. Que lo hizo para evitar un daño. Hay otros que a esto le llaman mentira piadosa.

En realidad este es un caso de mentira. A eso se le llama mentira y no debemos disfrazarla con otros nombres para suavizarlo. Sin embargo, todos o la mayoría la aprobaríamos y si fuera nuestro caso, mentiríamos.

El problema está en que muchos padres apoyan otro tipo de mentiras en las que se obtiene un beneficio aunque el fin sea bueno. Debemos buscar otras fórmulas para educarles en la sinceridad.

Un buen ejemplo sería el de una niña que quiere hacerle un regalo a su madre el día de su cumpleaños y le dice que está cansada y quiere irse a la cama antes para tener tiempo de prepararlo. El fin es bueno ya que lo que quiere es tiempo para poder hacerle el regalo, pero hemos de tener mucho cuidado porque para conseguirlo, nuestra hija debe inventarse una mentira y aunque no tenga ninguna consecuencia negativa, podemos estar inculcándole un tipo de actitud que no es buena.

También lo que generalmente se denomina "hacer trampa" es una forma especial de mentira. Éste es un tipo de mentira con el que los niños están muy familiarizados y en el que los padres debemos intervenir desde que son muy pequeños. Educarlos en el sentido de la honradez es muy urgente en una sociedad vacía de valores.

Hay estudios alarmantes que descubren cifras como las siguientes:

- El 22 % de los niños empiezan a hacer trampas en el primer curso escolar.

- El 49 % de los niños a los 12 años confiesan haber hecho trampas en los deberes escolares.

- El 75 % de los niños a los 14 años declaran haber copiado en los exámenes.

Sin embargo, los niños no perciben estas acciones como mentiras, sino que para ellos se trata simplemente de transgredir una regla. Es mentira cuando lo niegas en el momento en que te piden una explicación.

Por ello, es bueno que los padres les aclaremos que las dos situaciones son mentira. Pero hay que ir más al fondo de la cuestión y descubrir los motivos que surgen para mentir.

→ Los motivos para mentir

Normalmente, el grado de enfado de un padre cuando descubre que su hijo le ha mentido está en el motivo de la mentira. Es decir, por qué ha mentido y las consecuencias que esta mentira llevan consigo: a quién afecta y cómo.

La experiencia personal nos dice que nos sentimos mejor cuando comprendemos por qué han mentido nuestros hijos. Saber qué les lleva a mentir puede ayudar a los padres a orientar las futuras respuestas de los hijos en este sentido y a conseguir que no se sientan animados a mentir de nuevo.

Por ejemplo, si mienten por miedo a la respuesta de sus padres, se le puede animar explicándoles que nunca nos enfadaremos si les decimos la verdad. Porque eso es más importante que la propia falta.

Pero, por desgracia, no existe una única razón por la cual los niños mienten, son muchas. Algunas de ellas son evitar un castigo o evitar la vergüenza.

Evitar un castigo

Por norma general, intentar evitar un castigo es la razón principal por la cual los niños mienten. Incluso para los adultos, también es así.

Conocemos el caso de Roberto y el ordenador de su padre. Pongamos otro ejemplo de mentira para analizar sus causas. El Dr. Arun Gandhi, nieto de Mahatma Gandhi y fundador del instituto M.K. Gandhi para la Vida Sin Violencia, compartió la siguiente historia como un ejemplo de sus padres:

Yo tenía 16 años y estaba viviendo con mis padres en el instituto que mi abuelo había fundado en las afueras, a 18 millas de la ciudad de Durban, en Sudáfrica, en medio de plantaciones de azúcar. Estábamos bien al interior del país y no teníamos vecinos, así que a mis dos hermanas y a mí, siempre nos entusiasmaba el poder ir a la ciudad a visitar amigos o ir al cine. Un día mi padre me pidió que le llevara a la ciudad para asistir una conferencia que duraba el día entero y yo aproveché esa oportunidad.

Como iba a la ciudad mi madre me dio una lista de cosas del supermercado que necesitaba y, como iba a pasar todo el día en la ciudad, mi padre me pidió que me hiciera cargo de algunas cosas pendientes, como llevar el coche al taller. Cuando me despedí de mi padre él me dijo:

–Nos vemos aquí a las 5 y volvemos a casa juntos.

Después de completar muy rápidamente todos los encargos, me fui hasta el cine más cercano. Me concentré tanto en la película, una película doble de John Wayne, que me olvidé del tiempo.

Eran las 5:30 cuando me acordé. Corrí al taller, conseguí el coche y me acerqué hasta donde mi padre me estaba esperando. Eran casi las 6. Él me preguntó con ansiedad:

–¿Por qué llegas tarde?

Me sentía mal por eso y no le podía decir que estaba viendo una película de John Wayne; entonces le dije que el coche no estaba listo y tuve que esperar. Esto lo dije sin saber que mi padre ya había llamado al taller.

Nos damos cuenta de que son dos mentiras muy distintas. En este relato, Arun demuestra que su deseo es obtener una recompensa o beneficio que consiste en ver la película y por ello incumple con su obligación, y luego miente a su padre. Son dos faltas seguidas. Roberto no realiza ninguna acción mala voluntaria (no busca un beneficio), pero no dice que ha roto el ordenador y con ello también miente. Una es una mentira para encubrir un placer inoportuno y otra es una mentira para esconder un error no intencional. El éxito en cualquiera de las dos mentiras evitará el castigo.

El sentimiento de los padres depende de varios aspectos: la infracción que esconde la mentira del niño y la edad del niño. Quizá podemos pensar que la infracción de Arun es más grave porque es intencionada, eligió hacerlo con el riesgo que suponía llegar tarde. Roberto no tenía intención de estropear el ordenador.

Aunque el padre de Roberto podría estar enfadado por el daño causado, lo que más duele es que nos haya ocultado la verdad. Pensamos inmediatamente: ¿por qué tiene miedo mi hijo de contármelo? Quizá evitar el castigo no fuera el motivo principal de la mentira y sea el evitar la humillación de sentirse un patoso que rompe todo lo que toca. O quizá quería evitar ver cómo su padre se enfurecía de nuevo desproporcionadamente.

Con todo esto no quiero justificar la mentira de uno ni de otro. Lo que sugiero es que los padres debemos descubrir y conocer bien cuáles son los motivos de las mentiras de nuestros hijos y entonces podremos saber mejor cómo enfrentarnos a ellas.

No quiero dejar de contar la reacción del padre de Arun, porque es una respuesta interesante que nos puede servir de ejemplo:

Cuando se dio cuenta que había mentido, me dijo:

–Algo no anda bien en la manera como te he criado, puesto que no te he dado la confianza de decirme la verdad. Voy a reflexionar que es lo que hice mal contigo. Voy a caminar las 18 millas a la casa y a pensar sobre esto.

Así que vestido con su traje y sus zapatos elegantes, empezó a caminar hasta la casa por caminos que no estaban ni pavimentados ni alumbrados. No lo podía dejar solo. Yo llevé el coche 5 horas y media detrás de él. Viendo a mi padre sufrir la agonía de una mentira estúpida que yo había dicho. Decidí desde ahí que nunca más iba a mentir.

Muchas veces me acuerdo de este episodio y pienso. Si me hubiese castigado de la manera como nosotros castigamos a nuestros hijos, ¿hubiese aprendido la lección? ¡No lo creo! Hubiese sufrido el castigo y hubiese seguido haciendo lo mismo. Pero esta acción de no violencia fue tan fuerte que la tengo impresa en la memoria como si fuera ayer.

Evitar la vergüenza

Otro motivo por el cual se suele mentir es evitar la vergüenza. Veamos este caso:

Cuando Ana, una niña de cinco años, se levantó de su silla, la madre se percató de que tenía los pantalones mojados.

–Ana, ven aquí, ¿llevas los pantalones mojados? –le preguntó.

–No me hecho pis mamá. –Explicó Ana con gran sinceridad. La silla estaba mojada.

Ana miente a su madre por evitar la vergüenza de reconocer esa pequeña debilidad. Su madre no le castiga por orinarse. Ella miente porque le humilla reconocer que no ha sabido controlarse. Quizá Ana mentía para no interrumpir los juegos en los que estaba metida en ese momento.

La reacción de la madre, tanto si le castiga como no, debe ser de comprender por qué mintió la niña. Eso le permitirá enfocar mejor la respuesta de ella y aprovechar el mejor momento para comentarle que siempre es mejor decir la verdad y las buenas consecuencias que surgen cada una de estas situaciones como son la confianza mutua entre padres e hijos.

Lamentablemente, los padres preferimos dejar pasar estas situaciones como si no nos hubiésemos enterado, sin darle la importancia que tiene y, después, nos quejamos de los resultados que cosechamos: falta de confianza mutua. No es que no sepamos hacerlo bien, sino que nos ha dado pereza corregir en su momento o dedicarle la importancia que eso tenía en su momento.

¿Delatar o mentir?

¿Está bien o mal que un niño informe de lo que otro ha hecho mal? Es muy difícil ofrecer un criterio claro a esta situación. Los niños van recibiendo mensajes de diferente orientación. Los padres les decimos que no mientan. Pero sin embargo, cuando delatan a otro al decir la verdad, no siempre son felicitados.

En Estados Unidos, que es donde ocurren todas las cosas posibles, una niña de trece años denunció a sus padres por consumo de drogas. Había asistido a una charla en el colegio de un responsable de la policía. Inmediatamente, cuando llegó a casa, les pidió a sus padres que dejaran de consumir droga. Al no hacerle caso, decidió llevar a la comisaría una bolsa con marihuana, pastillas y cocaína por valor de 2.800 dólares. Los padres fueron arrestados y la niña llevada a un asilo infantil. Al poco tiempo llegaron ofertas muy atractivas de la televisión y el cine. Los padres siguieron un programa de asesoramiento y pudieron recibir de nuevo a la niña. Al poco tiempo empezaron a llegar nuevas denuncias de niños a sus padres.

Normalmente los padres les dicen a los niños que no sean chivatos, pero a la vez les piden que les informen de lo que han hecho mal sus hermanos.

Buscando un poco de coherencia en todo esto, pienso que hemos de determinar que ser chivato está mal cuando es el niño el que lleva la iniciativa, cuando la ofensa es menor y el motivo de la acusación es el rencor. Pero cuando la ofensa es grave, por ejemplo que su hermano fuma porros, parece coherente que el hijo informe sobre la actuación de su hermano.

Sin embargo, los niños no tienen tan claro este criterio y piensan que no pueden contar nada de lo que hace su hermano, aunque sea grave, porque sería un chivato y eso les hace mentir en ocasiones.

Los padres sí esperamos que los niños se delaten a ellos mismos de sus propias malas acciones aunque sepan que van a tener problemas con ello. Eso es lo que esperaba el padre de Arun cuando le preguntó porque no había llegado puntual a la cita. Es muy importante que los padres nos demos cuenta de que, ante estas manifestaciones de sinceridad, hay que intentar evitar el castigo si dice la verdad porque de esta forma le incentivamos a seguir siéndolo. Hemos de dejar claro que lo que ha hecho está mal, pero que comprendemos que está arrepentido y que valoramos sobretodo su sinceridad.

La mentira del silencio

Cuando los niños llegan a la adolescencia, procuran no contestar para no mentir. Sin embargo el silencio es ya una mentira. Si nuestro hijo no cuenta que se portó mal en el colegio y le expulsaron de clase, nos está mintiendo con su silencio porque su obligación es contarlo.

Esta anécdota puede servirnos para comprender que el motivo del silencio puede ser cualquier cosa y, a veces, asuntos muy sencillos:

No se llama Isabel la protagonista de esta anécdota, pero ella me ha pedido que la cuente con todo detalle.

Cuando llegó al colegio hace qué sé yo cuántos años, acababa de cumplir los trece y padecía un pavo en fase aguda. Larguirucha, con cinco o seis arandelas en cada oreja y cara de pasota, pronto descubrió que, en este cole, las profesoras le hacían caso. Y tanto le gustó la novedad, que se convirtió en mi sombra, una sombra grata casi siempre y un poco pesada a veces. La adolescencia es imprevisible y variada.

Hay adolescentes eufóricos y depresivos, melancólicos y cínicos, tímidos y bocazas... A veces en un mismo chico o chica se dan características contradictorias; pero coinciden siempre en su inmensa desmesura.

El pavo de Isabel, fue lánguido, pegajoso, cansino, de brazos caídos y pies de plomo, de largos silencios y mirada triste de cachorro desamparado. No soy capaz de recordar qué enormes problemas le impulsaban a verme cada tres días. Muy graves no eran, ya que alguna vez la devolví a clase con cierta brusquedad.

–¡Qué fuerrrte…! –me reprochó un día haciendo vibrar la erre–. Allá usted con su conciencia si no quiere hablar conmigo.

Pasaron los meses, terminó el curso, se fue a la Sierra, y de vuelta en septiembre, como tardaba en venir a saludarme, tomé yo la iniciativa.

–¿Qué tal, Isabel? ¿Cómo ha ido el verano!

–Normal. El tono, el gesto y la mirada eran secos y provocadores.

–¿Te ocurre algo?

–Que paso de colegios y de tutorías: son unos comecocos. Voy a hacer lo que me dé la gana… Demasiados mensajes para una sola frase. Este tipo de afirmaciones, a los 14 años, deben traducirse por hoy tengo mal día. Mañana hablaremos. Dos semanas más tarde, sin embargo, perseveraba en su actitud, y yo acudí a una de sus amigas:

–A Isabel lo que le pasa es que es tonta. Yo creo que tiene un sapo… Ya lo soltará.

Sí, claro, el famoso sapo; eso debía de ser. Dicen los expertos que, a los 14 años, la sinceridad cuesta más que en otras edades; pero los expertos, como siempre, se equivocan. La sinceridad es tan difícil a los 14 como a los 50. Lo que ocurre es que en cada etapa de la vida las razones que uno se da para tragarse el sapo son diferentes. A los 14 años, por regla general, se miente peor que a los 50, ya que la hipocresía requiere mucha práctica. De ahí que el sapo de una adolescente sea sencillo de diagnosticar. Pero Isabel seguía hermética como una ostra. Sus labios se habían convertido en una línea recta y dura, sellados a cualquier intento de comunicación civilizada.

Hasta que una tarde... Venía hacia mí por la calle, acompañada por un chaval de unos quince años, alto y flaco, con ese aspecto de recién desenrollados que tienen algunos adolescentes. Ella hablaba y hablaba sin dejar de mirarlo. No me vio hasta que casi nos tropezamos en un semáforo.

–Ah, hola... –Isabel reaccionó con insólita cortesía–. Le presento a Borja..., un amigo.

El chico me miró confuso. Le estreché la mano y me dirigí a Isabel:

–Oye, ¿sabes que tienes muy buen gusto? Se puso roja, se le escapó una carcajada, y, oh, sorpresa, exhibió en los dientes un aparato metálico más espectacular que las arandelas de sus orejas. Trató de taparse la boca, pero ya era tarde... Al día siguiente, me explicó lo que yo ya sabía: que ése era su sapo. Que le daba cosa que la viera así; pero que seguiría siendo mi amiga y, por supuesto, lo que había dicho no era verdad.

Yo le conté entonces lo que ahora me sirve como moraleja de esta historia. Ser sincero se hace duro cuando hemos cometido uno de esos errores que humillan no por su importancia, sino porque afectan al centro de nuestra intimidad, al concepto que uno tiene de sí mismo o a la imagen que le gustaría proyectar al exterior.

Así se forma el famoso sapo, que al enquistarse, produce un atasco en la conciencia y afecta a toda la vida. Cuando, al fin, uno quita el tapón, uno se sincera y achica sus miserias en el desaguadero de la confianza.

Lo que conmueve de verdad son las virtudes que la persona muestra sin querer. Lo que ella no sospechará jamás es que aquel día, roja como el semáforo donde nos encontramos y con la risa acorazada, estaba más guapa que nunca.

Presumir

Presumir o exagerar es otra de las mentiras más comunes entre los niños y también en los adultos. El motivo de esta acción es el mismo: aumentar la propia condición o categoría, aparecer ante los demás como más importante.

En toda exageración hay una parte de verdad y otra parte que es falsa. En el engaño, lo que se cuenta es totalmente falso.

Siempre recordaré la simpática anécdota que me ocurrió hace muchos años, estando de profesor en un colegio. Había descubierto una gran atracción en los niños por los animales. Les volvía locos y quise aprovechar esa ilusión para tener en la clase algunos pequeños ejemplares domésticos. Les dábamos de comer, limpiábamos las jaulas... era un encargo más dentro de sus responsabilidades.

En muchas ocasiones había oído comentar entre ellos una serie de comparaciones con respecto a los coches de sus padres, a sus casas, a sus viajes... Muchos de ellos inventaban y exageraban temas simplemente por destacar más que los otros.

Un día, mientras hablábamos de animales en clase, uno comentó que en su casa tenían un cachorro de tigre. Todos quedamos impresionados y llegamos a la conclusión de que sería una buena idea hablar con el padre para que lo trajera un día a clase y los niños pudieran disfrutar de un animal tan exótico. Se lo comenté a otro profesor porque me pareció incluso imprudente tener un animal así en casa. Por otro lado, hay personas que tienen en casa boas, cocodrilos, monos... ¿por qué no un cachorro de tigre?

En clase ya sólo se hablaba del cachorro de tigre que iban a tener en clase. Llegó el momento de hablar con el padre que respondió con sorpresa a nuestra pregunta: ¿un cachorro de tigre?, ¿de qué me estáis hablando? Le explicamos lo que nos había contado su hijo y todo se aclaró. No existía ningún cachorro de tigre. Lo había inventado el niño.

Fue una situación que me hizo pensar. ¿Cómo es posible que un niño sea capaz de soportar una mentira tanto tiempo y no desmentirla?, ¿por qué lo había hecho?, ¿cuáles eran los motivos que le empujaron a inventarse una historia así. Las razones son evidentes: ilusión por destacar, necesidad de sentirse importante, inseguridad personal... Son múltiples las causas pero son situaciones reales que ocurren diariamente con los hijos y con los adultos. Construimos mentiras que llegamos incluso a creerlas y, luego, aquello es muy difícil de desmontar por el qué dirán famoso.

Podemos pensar que esto no son más que mentirijillas porque no hacen daño a nadie. Sin embargo puedo asegurar que hay que tener mucho cuidado con esto, porque si mentimos en estas cosas también mentiremos en otras. No midamos la mentira por el daño que hace, sino por su intención. Aunque el engaño sea pequeño es engaño y hay una intención que debe corregirse.

La historia que aquí recojo ofrece el otro lado de la moneda y me parece una bonita historia que nos puede motivar a actuar siempre sin engaño, aunque con ellos pensemos que vamos a perder un gran bien.

Una vez un rey, soltero todavía, decidió casarse. Publicó un edicto que se voceó en cada calle, en cada esquina, en cada camino. Llamaba a palacio a todas las doncellas, en edad de merecer, de 18 a 28 años. Hubo una riada de solicitadoras. Muchas pensaban en una vida regalada, de palacio. Eran pocas las que suspiraban por el rey en persona, si apenas alguna.

Cuando hubo entrado el gentío, todas escucharon absortas las palabras del rey:

—Os daré una semilla a cada una. La plantaréis y en un año volveréis para enseñarme cómo habéis cuidado de los frutos de dicha semilla.

Aparecieron pajes que, echando mano de un saco, proporcionaban una simple semilla a cada pretendiente.

Una de ellas quedó prendida de los ojos de su majestad y se dijo: "Es un hombre bueno y me gusta."

Todas plantaron su semilla y, al parecer, la cuidaban con oculto sigilo. Pero la enamorada vio que su semilla no prendía: la regó y la regó, pero jamás dio fruto.

Al año se presentaron todas las pretendientes con plantas resplandecientes, a cual más hermosa. La enamorada, que no tenía nada que enseñar, llevó su maceta con tierra, con la esperanza de volver a ver los ojos de su rey, por última vez... El rey vio todas las macetas y apreció los comentarios de todas las pretendientes... Ni se paró frente a la maceta. Cuando llegó el momento de dictar juicio preguntó por la que sólo tenía una maceta.

Apareció la enamorada, confundida entre miradas curiosas y cuchicheos... Y el rey explicó:

—Hace un año os di una semilla estéril. Ahora todas os presentáis con plantas excepto una, que no ha mentido y que se llevará el trono y a la que llamaréis reina.

Y la verdad fue la más bella de las plantas.

A menudo los cuentos nos muestran la maldad y la bondad de las personas y nos motivan a mejorar en esta virtud.

Mentiras de poder

Éste es un tipo de mentira muy sutil, porque no es importante hasta la adolescencia, pero que quiero tratar con detalle porque es más frecuente de lo que parece. Ya desde pequeños puede aparecer esta inclinación.

Esta anécdota del bocadillo puede servir de ejemplo para entender lo que puede significar este tipo de mentira. Le pregunté a Boris si le había gustado el bocadillo de atún que le había preparado para la excursión. Me dijo que estaba bueno pero no tanto como el de su amigo Marcos y añadió que Marcos se había comido un atún entero en su bocadillo. Yo expresé mis dudas:

–Creo que no le cabe el atún entero en el bocadillo.

–De verdad que sí, era un atún entero, yo lo vi.

Boris, me estás mintiendo, añadí para dejar claro que su intento estaba funcionando.

–No te estoy mintiendo, estoy bromeando.

–¿Y cuál es la diferencia? –pregunté.

–Cuando te gasto una broma, después te digo que no es verdad.

Es realmente impresionante la capacidad de un niño de diez años de hacer esta distinción. Sus bromas a veces cuelan y eso crea una sensación de autoridad sobre el que estoy engañando. No busco un beneficio material pero sí un beneficio llamémosle personal.

Engañar a otra persona deliberadamente, esconder la verdad es tan mentira como decir algo falso.

Lo que nos debe preocupar de esta situación que he comentado es el equilibrio entre la verdad y la mentira. Marcos, si se acostumbra a actuar de esta forma, puede llegar a vivir en un mundo falso y a creerse sus propias mentiras por un afán de autoridad.

Puede ocurrir también que sus amigos y las personas que le conocen terminen en no confiar en él y en las cosas que dice porque no sabe si lo dice en serio o en broma. Con la verdad no se juega. Es muy peligroso.

Si detectamos esa actitud en nuestros hijos hay que dejarles claro este peligro y es mejor no jugar a la mentira. Que nuestros amigos puedan confiar siempre en que lo que decimos es verdad. Mucho peor es si esto lo pone en práctica el padre o la madre porque entonces los hijos no saben nunca si esto que dices va en serio o en broma.

Hemos resumido en estas páginas los motivos por los que los niños y también los adultos acostumbramos a mentir. Pero como veremos en el siguiente capítulo, hay niños que tienden a mentir más que otros.

CAPÍTULO 4

¿POR QUÉ UNOS NIÑOS MIENTEN MÁS QUE OTROS?

Está claro que hay niños que mienten más que otros, ¿por qué esto es así? No existe una respuesta simple, que es lo que nos gustaría a todos los padres. Si la respuesta fuera tan sencilla, no haría falta escribir este libro ya que con la fórmula mágica podríamos conseguir un mundo lleno de sinceridad.

Algunos expertos han realizado pruebas con alumnos para comprobar quienes mentían y por qué lo hacían y han podido comprobar que en esos casos, los alumnos con un nivel intelectual más alto mentían menos. Sin embargo se llegó a la conclusión de que era por una razón evidente: lo necesitaban menos. No necesita hacer trampas si aquello que se le pregunta ya lo sabe.

Otros estudios han llegado a la conclusión de que mienten y hacen trampas los niños que están mal adaptados o los que se sienten presionados por sus compañeros o los que sus padres no les prestan ninguna atención. Pero queda claro que no son estos los factores determinantes. El niño miente dependiendo de los factores que están en juego.

¿Qué factores son los más importantes: la inteligencia, la personalidad, la inadaptación, los padres, los amigos, las características de la situación? Nadie lo sabe. Sin embargo yo me atrevo a dar una respuesta, aunque es poco comprometida: depende de la edad y de las características individuales de cada niño.

→ Las mentiras en diferentes edades

Hay personas que piensan que los niños pequeños son incapaces de mentir. Otros piensan que sí lo harían pero que no saben hacerlo. Está claro que lo hacen mucho antes de lo que los adultos pensamos.

A los cuatro años o quizá antes, los niños ya saben mentir. No es que se equivoquen o que confundan la fantasía con la realidad sino que están intentando deliberadamente engañar. Por ejemplo, si han pintado una pared, son capaces de decir que ellos no han sido, que ha sido un fantasma, el muñeco de peluche… Claro está que las mentiras a esta edad no suele ser un problema grave, sin embargo, los padres debemos empezar a preocuparnos por este tema si lo hacen con frecuencia y, especialmente, si las mentiras persisten durante un largo tiempo. Cuando aparecen las primeras mentiras, los padres debemos hablar con nuestros hijos para hacerles ver lo importante que es decir la verdad.

¿A qué edad comprenden el concepto de mentir?¿Saben mentir bien? ¿Es más difícil detectar sus mentiras que los niños mayores? ¿Son más sensibles a lo que les podamos decir para que no mientan? ¿Qué piensan los niños sobre las mentiras?

Juan, que vive una semana con su padre y otra con su madre, le ocurrió la siguiente escena: su padre le iba a recoger al mediodía para poder ir los dos al cine pero no sabía que la madre le había concertado una clase de piano para esa misma hora. Cuando Juan descubrió que no podría ir al cine con su padre, le telefoneó llorando y le comentó que le había mentido. El padre le intentó explicar que había sido un malentendido con los horarios, pero Juan no quería saber nada sobre el tema. Todo lo que él podía entender es que le había prometido ir al cine y no iba a ser cierto.

Hasta los 8 años, los niños consideran que toda afirmación falsa es una mentira, independientemente que la persona que lo ha dicho sepa que es falso. Incluso sabiendo el niño que la persona que habla no tiene intención de engañar, le llaman mentiroso si, sin darse cuenta, ha dado una información falsa. En cambio, a partir de los 8 años, son capaces de darse cuenta que no es mentirosos el que hace esto.

En los niños pequeños, el resultado es lo que importa y no la intención. Los padres debemos aclarar a nuestros hijos que deben decir la verdad siempre, pero han de explicar también que, si uno no dice la verdad sin querer, por error, no es una mentira. Son capaces de entenderlo perfectamente y más si se lo contamos con ejemplos que ellos puedan entender.

Los niños más pequeños son los más defensores de la sinceridad pero lo hacen por temor al castigo, porque consideran que está mal. Sin embargo, los niños de 8 a 12 años son más flexibles que los pequeños en su concepto de sinceridad. Por otro lado, son también más sensibles a perder la confianza por culpa de la mentira, aspecto que el pequeño no puede entrever. En cambio, los adolescentes ya no valoran este concepto tan importante de la pérdida de la confianza.

Pero independientemente de la sensibilidad del niño o de la edad que tenga, los padres debemos procurar buscar siempre las raíces de las mentiras de nuestros hijos. Y otro asunto importante: hemos de examinarnos a fondo nosotros mismos y preguntarnos si hacemos algo para ayudar a nuestro hijo a ser sincero. La pregunta puede ser más directa si la hacemos al revés. ¿Hay algo en mi actitud, comportamiento o comentarios que incite a mi hijo a mentir con más facilidad? ¿Puede ser que nuestro hijo mienta por algún problema relacionado con el hogar?

No sé si seremos capaces de responder a tales preguntas pues son muy profundas y siempre cuesta sincerarse y ser realmente objetivos con nosotros mismos. Pero hemos de pensar que una respuesta sincera puede ayudar mucho a mejorar a nuestro hijo en esta virtud tan importante para todos.

Además, independientemente de plantearnos las preguntas anteriores, debemos explicar a nuestros hijos por qué es perjudicial mentir. Hemos de hablar con ellos y para tratar el tema debemos buscar el momento oportuno, hacerlo brevemente, poniéndonos a su nivel, con paciencia… Todo queda dentro y aunque parezca que no nos hacen caso y que no avanzan, lo que les decimos es de una gran efectividad.

A partir de los 10 u 11 años, los niños se convierten en unos mentirosos muy hábiles. Cuando eran pequeños, les delataba el sonido de su voz, la expresión de su cara o la incoherencia de lo que decían. Ahora no.

Los niños, al hacerse mayores, no solamente son más hábiles al contar mentiras a otros, también son más capaces de detectar las mentiras que les cuentan los demás. La excusa falsa de mamá para explicar que no ha podido ir a ver el partido de fútbol de su hijo es captado por él con facilidad y, en cambio, el pequeño no se da cuenta. A una cierta edad, los niños lo captan todo y se dan cuenta de que no es cierto lo que les estamos diciendo.

Ocurre que, muchas veces, nos llegamos a creer nuestras propias mentiras. Eso no sucede con los pequeños únicamente. Los adultos también sufrimos este problema. Lo que está claro es que los niños conforme se van haciendo mayores pueden llegar a mentir mejor que los pequeños.

Pero hay que tener presente que unas mentiras cuestan más de decir que otras. Está demostrado que uno miente con más facilidad cuando no existe emoción de por medio, cuando ya todo ha pasado y estás más tranquilo. Es mucho más difícil cuando se está enfadado que cuando se recuerda el enfado. Hay que tener en cuenta que cuando uno miente debe controlar todas esas señales emocionales en el rostro, en las manos, etc. Esto es más sencillo para un adulto que para un niño.

→ ¿Qué sentimientos provoca la mentira?

Otro aspecto importante concerniente a la mentira es la culpabilidad. Se produce un sentimiento de culpabilidad al mentir, pero ocurre siempre en todos los niños. Cuando son pequeños siempre piensan que está mal. En la adolescencia, no siempre piensan que la mentira es mala. Por ejemplo, cuando al que mienten no le respetan o cuando unos padres han impuesto unas normas que piensan que son injustas. El sentimiento de culpa por mentir es más intenso cuando se comparten valores con la persona a la que has mentido.

Este es el caso de Raquel que estaba muy orgullosa de sus resultados académicos. Sus padres, ambos profesores de universidad, también estaban orgullosos de su hija por este motivo. Cuando sacó una nota muy baja en una asignatura, Raquel se lo ocultó a sus padres y cuando ellos notaron su tristeza en el fin de semana, cosa muy poco normal en ella, le volvieron a preguntar y ella salió despedida a su habitación. Al día siguiente, por la noche, Raquel ya no podía más y confesó la mentira a sus padres.

Un niño, no está dispuesto a admitir que su padre le eche una bronca porque deja desordenada su habitación, si él no da ejemplo de orden en algún aspecto como es dejar el periódico en su sitio después de leerlo. Ellos ven que nosotros hacemos trampas y mentimos por teléfono y no entienden que luego les exijamos ser sinceros. Debe haber pues una coherencia de vida y un ejemplo inicial por nuestra parte. ¡Cuántos problemas nos evitaríamos si cuidásemos este aspecto tan importante de ejemplo en la sinceridad!

Algunos preadolescentes dicen que todo el mundo miente y, por lo tanto, ellos también. No se sienten nada culpables y se escudan en el argumento fácil de que todos los hacen. Utilizan la mentira como elemento de identidad, como una forma de establecer su propia identidad, de separarse y de conseguir independencia, algo tan deseado en esta edad.

Tampoco se sienten culpables cuando la mentira no afecta a nadie, ni siquiera a la persona a la que va dirigida.

En otros casos, la mentira sí tiene consecuencias grandes pero, al ser permitida por un adulto, no tienen sentimiento de culpabilidad ya que la mentira ha sido autorizada.

Igual que la culpa, uno de los motivos por los que es más difícil mentir es por el **miedo** a ser descubiertos.

Carlos recibió de sus padres su primer reloj. Lo llevaba siempre puesto pero un día, se lo olvidó en la clase de gimnasia y ya no lo encontró más. Cuando llegó a casa, no se atrevió a decírselo a su padres y, cuando se dieron cuenta de que no lo llevaba, el respondió que no le gustaba y que lo tenía guardado en su cajón.

En el fin de semana su padre le dijo que se iban de excursión y que se preparara. Cuando le insistieron que llevara el reloj nuevo, comentó que no hacía falta porque se podía romper. Su padre le insistió y, entonces, confesó que lo había perdido.

Sin embargo, no todos los que mienten tienen miedo de ser atrapados. Ese temor aparece cuando hay algo importante en juego, cuando las consecuencias de ser descubierto son graves.

Paradójicamente, en ciertas ocasiones la mentira puede provocar placer, el placer del engaño. Existen juegos en que nos entrenamos para mentir mejor. Por ejemplo, el póquer es un juego en el que debes engañar al contrario y suele ganar el que domina los recursos para poder hacerlo. Si tienes buenas cartas y se te nota, estás perdido. Debes controlar tus reacciones para que los demás piensen que tienes de nuevo cartas malas. Los famosos "faroles" son un ejemplo de engaño.

Cuando esto se hace con personas a las que se aprecia o respeta no hay ningún placer al hacerlo e incluso se pasa un mal momento. Pero, cuando se trata de un desconocido, se disfruta al ver cómo se consigue hacerle creer lo que se le ha contado y que es totalmente falso.

Está comprobado que los niños mienten con más facilidad cuando tienen montada una estrategia que les permite prepararse la mentira con tiempo suficiente. Cuando uno dice la verdad, no necesita tiempo para responder a las preguntas que nos hagan sobre el tema. En cambio, cuando uno miente, tiene que pensar lo que dice y ahí puede ser uno cazado, a no ser que tenga bien planteada la estrategia y haya pensado con tiempo todas las preguntas que pueden formularle para responder con seguridad y coherencia.

El problema es que el mentiroso va perfeccionando la forma de mentir a base de práctica. Cada día miente mejor porque adquiere una seguridad increíble. Siempre he dicho que los mentirosos habituales llegan a tener una imaginación envidiable.

Por si fuera poco, el sentimiento de culpabilidad cada vez es menor al ir acumulando mentiras. Es como los asesinos o los ladrones, en el primer crimen el sentimiento de culpabilidad es muy grande pero cuando llevan varios, el sentimiento ya no es el mismo y pueden llegar a matar con la misma normalidad con la que realizan otras tareas en su vida corriente.

La clave está en la primera vez que se miente. Allí se puede decidir si está bien o mal pero después, mentir se vuelve cada vez más fácil. Y eso lleva también a otro problema: puede ocurrir que las mentiras, como ya no tienen un sentimiento de culpabilidad, pueden ser cada vez más grandes y con consecuencias más terribles.

Ocurre que cuando una mentira la cuentas varias veces llegas incluso a creértela y la conviertes en una verdad dentro de ti. Un ejemplo puede ser la mentira de un niño que cuenta a sus compañeros del colegio como metió un gol con su equipo de fútbol y, tras contarlo varias veces a distintas personas, puede llegar a creerse que por fin lo metió y sin embargo, la realidad es que no ha marcado ningún gol.

Esta capacidad para engañarse a uno mismo tiene una gran ventaja para el mentiroso. y es que cada vez que la cuente, cometerá menos errores ya que, en cierta manera, está contando la verdad. Son relatos muy seguros y, por lo tanto, muy creíbles para el que escucha.

Siempre recordaré con mucha impresión la noticia que surgió en los periódicos sobre alguien que llevaba años dando conferencias explicando cómo era la vida en los campos de exterminio nazis, y cómo había podido salir con vida de allí. Contaba, de forma minuciosa, cómo eran tratados, cómo los quemaban, como se racionaba la comida, los trabajos de campo, etc.

Al final, alguien pudo comprobar que esa persona era un impostor y que nunca había permanecido como prisionero en ninguno de estos campos. Algo impensable por lo bien que relataba todo aquello. Se estaba aprovechando a base de dar esas conferencias.

Yo me imagino que al principio le debió costar preparar con antelación toda aquella mentira y que el sentimiento de culpabilidad debió de ser muy grande. Pero, al cabo de unos cuantos años de contarlo, una y otra vez, el pobre hombre debió incluso de llegar a creerse que estuvo allí.

Para tener éxito con una mentira es preciso planificar todo muy bien y tener en cuenta todos los aspectos, para no ser descubierto. Esta persona que he comentado no pensó que su relato era tan detallado que otras personas, que sí vivieron en esos campos que él nombraba, podrían descubrirle.

Además, para mentir bien, el niño o el adulto deben desarrollar una serie de habilidades lingüísticas. Por este motivo, los que hablan muy bien, tienen más facilidad para mentir.

Todas estas habilidades: memoria, planificación, ponerse en el lugar de la otra persona, pensar y hablar con seguridad, controlar las emociones, son habilidades necesarias para que el niño se desarrolle y se convierta en un adulto. Son aptitudes buenas y deseables para nuestros hijos. Los padres nos sentimos muy satisfechos de que nuestros hijos demuestren estas aptitudes pero hemos de tener en cuenta que pueden utilizarse también para mentir.

Un niño tiene la necesidad y la responsabilidad de elegir entre ser sincero o mentir. Cuando un niño sabe que no tiene muchas posibilidades de mentir por falta de éxito, en realidad no tiene mucho que elegir. No miente pero no por virtud. En cambio el que tiene posibilidades de mentir con suficiente éxito es el que puede realmente elegir de verdad entre ser sincero o no.

Un adolescente me comentaba que, cuando tenía seis o siete años, recuerda que había colado alguna mentira a sus padres. Cuando esto ocurrió, se dio cuenta que esto era posible y conforme iba creciendo, las posibilidades de éxito aumentaban.

CAPÍTULO 5

CÓMO FOMENTAR LA SINCERIDAD DE NUESTROS HIJOS

Actualmente, en la sociedad tan vacía de valores en que vivimos, es muy importante hablar sobre la sinceridad a nuestros hijos. Hay que hacer un esfuerzo especial por hacerles ver, con nuestro ejemplo y con nuestras palabras, que vale la pena ser siempre sinceros. Y aunque a veces cueste, si desde pequeños adquieren este hábito, luego les es más fácil resolver otras situaciones similares en las cuales habrá que decir la verdad.

Pero como ya hemos explicado, hemos de analizar si nuestra conducta está acorde con lo que les explicamos sobre la sinceridad. ¿Realmente practicamos lo que aconsejamos? ¿Nos ponemos por delante como modelos de nuestros hijos en lo que les decimos sobre la sinceridad? No me refiero a las grandes mentiras sino a las pequeñas mentiras diarias que cometemos en el día a día por diversos motivos. Por ejemplo, decirle al vendedor de enciclopedias que acababa de comprar una de otra editorial. Cuando nos van a poner una multa, poner la excusa de que no habías visto el semáforo que pasaste en rojo por culpa del sol que te reflejaba en la cara. Decirle a los abuelos por teléfono que el regalo de cumpleaños me había encantado cuando en casa había dicho todo lo contrario. Decirle a mi hija de seis años que eres diez años mayor que ella y a tu hijo adolescente que tu siempre volvías a las diez y media a casa como hora límite.

Son las llamadas **mentiras de conveniencia**. No ganamos nada contándolas. Se podría decir tranquilamente la verdad sin perder nada por ello. Ni siquiera nos damos muchas veces cuenta de que utilizamos muchas de esas mentiras con nuestros hijos y no pensamos en el daño que estamos produciéndoles.

Quizá, pues, un primer paso puede ser el revisar nuestra actitud con respecto a la verdad en nuestra vida cotidiana. Nos daremos cuenta de que podemos mejorar mucho nuestro ejemplo con nuestros hijos y eso ya va a servir para que el ambiente en casa sea de mayor sinceridad entre todos. No olvidemos que los hijos se dan cuenta de todo y nos imitan en todo, incluso en esto.

Puede ocurrir que nosotros valoremos estas mentiras como inofensivas, pero para nuestros hijos pueden ser graves. Son puntos de vista distintos que debemos tener en cuenta.

→ Distinguir la realidad de la fantasía

Algunas de las mentiras que les contamos a nuestros hijos pueden ser justificadas, ya que existe una época mágica donde el niño vive en una burbuja llena de imaginación, no puede entender muchas cosas que tienen una explicación distinta en la realidad. Vive un mundo mágico donde existen el Ratoncito Pérez, los Reyes Magos y muchas "realidades" más.

Toda esta fantasía puede ser útil hasta los cuatro años de edad pero, a partir de entonces, es importante que el niño empiece a distinguir entre la fantasía y la realidad. Debemos ser coherentes con el niño y no intentar seguir manteniendo esa fantasía. La postura segunda es la más sencilla porque simplemente alargamos una situación que el niño considera como normal. Lo difícil para los padres es dar el paso para que descubran, poco a poco, la realidad de una forma natural.

Durante este periodo, entre los cuatro y los seis años de edad, el niño se vuelve capaz de comprender muchas más cosas. Ésta es la oportunidad de los padres de establecer un hábito de sinceridad que le acompañe toda su vida. Un niño puede aprender que las buenas acciones no siempre se ven premiadas, que en algunas ocasiones los padres se pelean o se equivocan y que los niños no siempre tienen la prioridad.

→ Hablar sobre temas difíciles: la muerte y la sexualidad

Hay ciertos temas en los que a los padres les cuesta hablar con sinceridad a sus hijos. Esto es porque son cuestiones difíciles de explicar o bien son dolorosas.

Por ejemplo, algunos padres deciden ser sinceros con el tema de la **muerte**, cuando esta aparece en la vida del niño, pero no todo el mundo actúa así. Pienso que es bueno hacer una pausa en este tema para profundizar un poco más ya que es un buen momento para vivir la sinceridad con nuestros hijos.

Muchos padres y madres tienen dificultades para hablar de la muerte con sus hijos y se les intenta ocultar para que no sufran. Esto, en vez de ayudarles, en muchos casos les perjudica, pues les incapacita para aceptar y vivir la muerte como algo natural.

A los niños hemos de contarles que un ser querido está grave y que puede morir, en vez de tratar de ocultárselo, pues aunque lo intentemos, ellos captan que algo está pasando. Al no tener la información de lo que ocurre, la confusión y la incertidumbre pueden apoderarse de ellos. Conviene hacerles partícipes del proceso de enfermedad y de muerte; hablarles con naturalidad, con un lenguaje sencillo y asequible a su edad. Considero que igual que se les enseña matemáticas, hay que educarles en el tema de la muerte.

Hasta los cinco años los niños aceptan la muerte con bastante naturalidad, sienten la pérdida, pero como viven el presente, continúan su vida con normalidad, salvo que perciban mucho drama en su entorno.

A partir de esta edad conviene darles explicaciones y compartir sus sentimientos. Si esto no se hace así, pueden presentárseles situaciones en las que les asalte el miedo o la angustia. Por ejemplo, si ha fallecido una persona de cuarenta años y sus padres tienen una edad parecida, pueden vivir con la angustia el hecho de que sus padres puedan morir pronto.

En la adolescencia se necesita estar cerca de ellos y apoyarles, y no suponer que porque ya son mayores están capacitados para aceptar y superar solos la muerte de un ser cercano.

También estará bien hablar con los hijos sobre qué pasa después de la muerte y esto habrá que contarlo según las creencias familiares.

La tristeza es la emoción que se presenta ante una pérdida irrecuperable y demanda protección o autoprotección. Resulta adecuado vivir esta emoción y no taparla con otras, pues cuando no se vive de manera adecuada, se puede transformar en depresión, angustia, ansiedad...

Si aceptáramos que la muerte puede llegarnos en cualquier momento, viviríamos de forma más intensa y profunda la vida. No dedicaríamos el tiempo a muchas disputas banales y nos ocuparíamos de vivir de forma plena lo que se nos presenta en cada momento.

En muchas ocasiones, los padres queremos proteger a nuestros hijos de algunas situaciones duras de la vida real, que no son nada agradables. Para eso utilizamos mentiras, sin darnos cuenta que en lugar de reducir la ansiedad del niño la aumentamos. El niño que ve que uno de sus padres o su abuelo está sufriendo, no quiere oír que todo va bien, él ya sabe que esto no es así. Debemos ofrecerle más información para ayudarle a salir adelante ante ese dolor personal. Ahora bien, la sinceridad no significa que se deban revelar detalles que no son apropiados para su edad.

Otro gran tema que a los padres nos cuesta tratar con sinceridad es la educación **afectiva y sexual.** Muchas veces, no nos atrevemos a hablar con los hijos con la claridad necesaria e incluso evitamos hablar de estos temas porque no sabemos ni por dónde empezar. Creo que es necesario que lo analicemos con detalle.

Empiezan las preguntas sobre sexualidad y no sabemos demasiado bien cómo reaccionar. Tenemos claro lo que no queremos para nuestros hijos, pero no encontramos un modelo que nos sirva para transmitir lo que pensamos. La sexualidad y la afectividad son dos aspectos muy importantes en la educación de nuestros hijos, tanto a lo largo de su infancia como en su adolescencia. Pero a veces, padres y madres no sabemos muy bien cómo actuar ni qué decir por miedo o por desconocimiento, y entonces es frecuente dejar de lado este tema confiando en que los adolescentes lo resuelvan por sí mismos o, en el mejor de los casos, en la escuela.

¿Cómo hablar de sexualidad a nuestros hijos? ¿Hay que enseñarle el acto sexual mediante un esquema, a riesgo de emplear un vocabulario demasiado técnico para un niño de cinco años? O al contrario, ¿habría que darle una respuesta tan poética como evasiva mezclando abejas, flores y cigüeñas, con el riesgo de retrasar o evitar las auténticas respuestas? ¿Hay que preservar la "inocencia" el mayor tiempo posible, disculpándonos con nuestra vergüenza o con la excusa de nuestras ocupaciones? ¿Cómo hablar de la vida y del amor?

En ocasiones utilizamos el lenguaje biológico y los esquemas de la educación sexual planteados en la escuela, pero este planteamiento se presenta al mismo nivel del hecho de respirar o de comer. Se pretende trivializar la sexualidad humana reduciendo el acto sexual a la satisfacción de los instintos del cuerpo. Hablamos de sexualidad pero muy poco de amor.

Nuestros hijos esperan que les hablemos del amor y que demos un sentido a las cosas. Preguntan el porqué. Con demasiada frecuencia, el problema radica ahí. La educación sexual actual responde a las preguntas del cómo, pero permanece muda ante los porqués de nuestros hijos.

Hemos de encontrar el sentido del cuerpo humano y el sentido de la persona humana y plantearnos una educación sexual integral, que tenga en cuenta las aspiraciones de toda la persona y sus aspiraciones de amar y ser amada por sí misma. Hoy son cada vez más los jóvenes que se sienten engañados y lo confiesan. Están superinformados sobre el sexo y esperan que se les hable del amor.

Los padres somos los más indicados para explicarles de forma adecuada el amor, convencidos de ser los que mejor lo podemos hacer. Porque si el hijo nace de una historia de amor, esa historia de amor es la de sus padres. En este sentido, les pertenece, es la historia de su origen, del comienzo de su vida. Amor y vida están íntimamente ligados: a través del amor, los padres dan la vida.

Ningún material pedagógico, ningún especialista puede rivalizar con nosotros, padres, en el campo de la educación del amor y de la vida. Atrevámonos, sin complejos, a encargarnos de esta misión educativa. Está en juego la felicidad de nuestros hijos. ¿Quién les hablará del amor si no lo hacemos nosotros?

Es un error pensar que no esperan nada de nosotros. Esperan mucho, aunque a veces no nos lo manifiesten. Si realmente los queremos, si tenemos confianza con ellos para explicarles los secretos del amor y de la vida, saldrá también de ellos la confianza en nosotros y su lealtad. Surgirá una intimidad compartida. Los padres crecen con los hijos, está comprobado.

En lo que respecta a la educación sexual en los adolescentes, todavía es bastante habitual oír en algunas reuniones de padres y madres frases como: "¡Hoy en día tienen toda la información que quieren!", "¿Y qué les vamos a contar?, ¡Si nos podrían dar clases ellos a nosotros!", "¡Pero si son todavía unos niños!", "¡Yo ya le he dicho a mi hijo lo del preservativo!"

Este tipo de comentarios son ilustrativos de cómo padres y madres tenemos, todavía hoy en día, notables dificultades para enfrentarnos a este tema. Una de las posibles causas es que no somos capaces de cuestionar el modelo de educación sexual recibido, caracterizado fundamentalmente por la falta de información o en todo caso por una información centrada en los aspectos higiénicos o reproductivos, y por la consideración de que prácticamente todo lo relacionado con la sexualidad era malo o pecaminoso. Así, sabemos el tipo de educación sexual que no queremos para nuestros hijos, pero no hemos encontrado un modelo alternativo que nos permita abordar este tema de una manera con la que se sientan competentes como educadores.

Así, algunos padres pueden tener la sensación de ser poco necesarios respecto a estos temas y de que sólo deben actuar en caso de que crean que sus hijos mantienen determinadas conductas que les puedan inquietar o que asocien con un cierto grado de riesgo. En ese momento seguramente será tarde para desarrollar un diálogo adecuado.

Evidentemente, algunas de estas actitudes derivan de una serie de **creencias erróneas** que han inducido a numerosos padres y madres a tomar un camino equivocado o a despreocuparse excesivamente. Veamos algunas de ellas:

- **Lo aprenden solos.** Falso. Es verdad que la mayoría de nosotros hemos aprendido solos, pero también es verdad que lo hemos hecho poco y mal, y a veces con un cierto coste personal. Hoy en día, igual que antes, la información sexual de que disponen los adolescentes la obtienen principalmente de sus iguales, por lo que nadie puede garantizar que esta información sea correcta, veraz o adecuada si no es contrastada con otras informaciones facilitadas por los padres o en la escuela.

- **Se lo enseñan en la escuela.** Depende. No todas las escuelas o institutos desarrollan programas de educación afectiva y sexual. Además, en caso de que así fuera, el hecho de que la escuela aborde estos temas no significa que los padres puedan despreocuparse. De hecho, sólo una tarea conjunta por parte de padres y escuela garantiza un proceso de formación adecuado en ésta y en otras áreas.

- **La educación sexual incita a la práctica sexual.** Falso. La educación sexual fomenta la responsabilidad y la adecuada toma de decisiones. Es más, la educación sexual evita que los adolescentes vivan su sexualidad con angustia o condicionados por informaciones erróneas, o con la idea de que todo lo que está relacionado con el sexo es potencialmente peligroso. Lo que de verdad es peligroso es la ignorancia y el miedo. Como dice una investigación del Instituto de la Mujer, del año 1986: "Aunque las relaciones sexuales no son más frecuentes entre las jóvenes que han recibido educación sexual que entre las que no la han recibido, las primeras tienen menos probabilidades de quedarse embarazadas."

- **Todavía son unos niños.** Depende. La educación sexual debe llevarse a cabo de manera adecuada a cada edad, pero desde la infancia. Es un error muy común pensar que la educación sexual debe dirigirse sólo a los adolescentes. En todo caso, lo que conviene conocer es que en cada momento del desarrollo los temas de interés serán diferentes: quizás en la infancia estarán más centrados en conocer aspectos relacionados con el propio origen, en la pubertad con los cambios corporales y en la adolescencia con una gran variedad de aspectos especialmente relacionados con las propias emociones y comportamientos.

Pero no todas las dificultades provienen de concepciones erróneas, en algunos casos existen **otros obstáculos** que dificultan a los padres el abordaje de estos temas. Veámoslos:

- **Miedo a no saber responder las preguntas de los adolescentes.** Está bastante extendida la idea de que la educación sexual de los adolescentes consiste simplemente en contestar sus preguntas, lo que obliga en principio a padres y madres a tener un amplio bagaje de conocimientos sobre este tema. Nada más falso. En realidad lo que quieren los adolescentes sobre estos temas es poder hablar, conocer lo que pensamos, cómo enfocamos determinadas cuestiones, que les ayudemos a situar los límites, etc. Lo que más interesa a la mayoría de los adolescentes sobre la sexualidad está ligado a las emociones y los sentimientos y sólo después, a la información más o menos específica.

- **No saber cómo enfocar la conversación.** Muchos padres no saben abordar estos temas sin que se convierta en una especie de asalto directo, que intuyen que el adolescente evitará, posiblemente porque no haya una experiencia anterior de diálogo sobre estos temas. Puede darse incluso la circunstancia de que del lado del adolescente esté pasando exactamente lo mismo, es decir, que exista el deseo de abordar estos temas, pero que no sepa cómo ni por dónde empezar.

- **Sentimiento de vergüenza.** A veces padres y madres evitan estos temas porque creen que los hijos les preguntarán sobre cuestiones de tipo personal. La intimidad de los padres, en tanto que pareja, no debe pertenecer más que a ellos y así se debe comunicar a los hijos si estos intentan adentrarse en este territorio. Ello no impide que se puedan comentar algunos aspectos generales de su relación, pero sin entrar en detalles que sólo pertenecen al ámbito de lo personal.

- **Miedo a que el adolescente piense diferente.** Algunos padres intuyen claramente que sus actitudes sobre temas de sexualidad y las de sus hijos adolescentes pueden ser bastante diferentes, por lo que hablar de ello sólo les conducirá a discusiones inútiles y al desgaste de la relación. Es evidente que hay diferentes cuestiones en las que padres e hijos pueden pensar diferente, pero evitar el tema sólo evidencia la incapacidad para el diálogo.

Hay que decir, llegados a este punto, que cualquier educador comete errores, de la misma manera que a menudo tiene dudas o incluso siente cierto desasosiego ante determinadas situaciones. Sin embargo, además de conocer lo que podemos evitar, también es importante conocer lo que podemos hacer.

Consejos prácticos:

- **Cuida tu relación de pareja.** La educación afectiva y sexual no consiste sólo en explicar cosas, el ámbito familiar supone fundamentalmente ofrecer un modelo de lo que es una relación de pareja funcional que, con sus defectos y virtudes, permita aprender al adolescente de un modelo de relación que valore positivamente.

- **Habla con tus hijos.** De nada en especial o si lo prefieres, de todo un poco. En conversaciones cortas, casuales, no premeditadas.

Aprovecha las diferentes ocasiones en que un clima distendido y relajado permita cualquier tipo de conversación. La finalidad es, en primer lugar, conversar, y en segundo lugar favorecer que sea posible conversar sobre cualquier tema.

- **Evita sermones y conferencias.** No llevan a ningún lugar y fomentan que se corten de raíz posibles conversaciones en el futuro. Mejor no asumas posiciones dogmáticas.

- **Escucha a tus hijos.** Hablar con los hijos no es exponer las propias opiniones o normas: es dialogar, hablar y también escuchar. Es intentar entender el mundo de tu hijo y ayudarle a construirlo.

- **Crea pequeños espacios improvisados en los que el diálogo sobre cualquier tema pueda fluir espontáneamente.** Aprovecha alguna pequeña gestión para pedir a tu hijo o hija que te acompañe y hablad de temas cotidianos que no sean objeto de confrontación entre vosotros, por ejemplo de deportes o de la preparación de alguna fiesta de aniversario de alguien de la familia...

- **No tomes como medida lo que hacías o pensabas a su misma edad.** No es una medida válida, ya que las experiencias y el grado de desarrollo psíquico-físico de unos y otros no son comparables.

- **Ayúdales a desarrollar su autoestima y su propia valía.** Un adecuado grado de autoestima es uno de los factores más importantes en la prevención de determinados comportamientos de riesgo.

- **Haz saber a tus hijos que confías en ellos y que ellos pueden confiar en ti.** Es muy importante que tus hijos sepan que confías en ellos. También es muy importante que ellos sepan que ante cualquier problema pueden confiar en ti.

- **Ayúdales a valorar y asumir sus propias responsabilidades.** La responsabilidad no se aprende en los libros, es un aprendizaje vital que, todo hay que decirlo, requiere de un modelo.

- **Hablad sobre sexualidad mejor que sobre sexo.** La educación afectiva y sexual tiene mucho que ver con la educación en valores y con las actitudes. Para hablar de cuestiones más específicas lo más probable es que sus hijos prefieran hacerlo en la escuela.

- **No te preocupes si no conoces las respuestas.** De lo que se trata es de si se puede hablar o no. O incluso de si se puede hacer alguna consulta a una tercera persona, pero juntos. Saber o no la respuesta no es lo importante, lo importante es la actitud que se transmite.

- **Preocúpate por la educación sexual que sus hijos reciben en la escuela.** Individualmente, como padres o como asociación de padres, pedid a la escuela de tus hijos información sobre la educación afectiva y sexual que en ella se imparte. Si no hay programa de educación sexual, apoyad a la escuela para que lo ponga en práctica.

→ ## Mentiras por las malas amistades

A partir de los doce años, más o menos, los niños y niñas tienden a buscar la amistad de grupos muy cerrados, con miembros identificables uno a uno. Se trata de cuatro o cinco adolescentes, que se unen en torno a una especie de "pacto implícito": salir juntos, conversar, compartir aficiones musicales, contarse sus primeros amores...

Las pandillas surgen en abundancia y de muchas maneras: en torno al mundo escolar, entre los compañeros de equipo de fútbol o vecinos de un barrio... Aunque en principio estos grupos se unen –sin saberlo conscientemente– para sortear la difícil etapa de la adolescencia, y de adultos se separan. También, de estas alianzas, pueden surgir relaciones más profundas y crearse lazos de verdadera amistad.

Es común que dentro del grupo se produzca una unificación de la conducta: todos tienden a actuar en una misma dirección, a hacer las mismas cosas. Esto se explica porque se trata de una edad en que se necesita la fuerza que dan los amigos. Generalmente los adolescentes por sí solos son algo inestables.

Cuando alguno de los amigos (uno o más de uno) destaca, por una personalidad más fuerte, el resto del grupo lo sigue e imita. Es lo normal a esta edad y, si el líder del grupo es un adolescente sano, todos los amigos disfrutarán de una de las mejores experiencias de su vida, un verdadero grupo de amigos.

Sin embargo, existe peligro real, cuando el líder sólo se preocupa de divertirse a toda costa y propone aventurarse en experiencias nuevas: alcohol, drogas, vídeos, revistas pornográficas, etc. En grupos así liderados, un adolescente puede pasar muy malos ratos que no confesará en la casa: bromas absurdas siempre al límite, presionado a hacer lo que hacen todos... o simplemente puede plegarse a la corriente más fuerte.

Es difícil hablar calmadamente con un hijo pues, en esta etapa de la vida, puede creer que él no es nada sin estos amigos. La tendencia de la niña es llorar a mares ante cualquier aparente incomprensión de los padres, y lo habitual en el joven es escuchar de mala gana. Pero si los padres ven la conveniencia de que cambie de amigos, deben insistir en que esas malas influencias no merecen la pena.

Sin retarlo ni hostigarlo, hay fórmulas concretas que pueden ayudar a apartarlo de un mal grupo. Claro está que esas fórmulas implican una verdadera entrega de la atención y del tiempo de los padres.

Aquí van algunas ideas:

- **Plantear panoramas alternativos "irresistibles" para el fin de semana:** excursión, escalada, pesca u otros deportes al aire libre. La falta de medios económicos no debiera ser excusa, pues siempre existe un amigo que puede prestar una tienda de campaña y hasta una casa en la playa, si se le plantea la emergencia.

- **Aumentar el grado de responsabilidad familiar del hijo,** pero "astutamente", en materias que lo hagan sentir importante: Comenzar las clases de inglés, hacer la lista de compra e ir al supermercado...

- **Buscar vídeos o revistas con casos verídicos** que demuestren lo que ocurre cuando una persona se deja arrastrar por los demás. Así, sin separarlo bruscamente de sus amigos, se le mostrará que la vida es mucho más que ese grupo de influencia negativa.

Poner atajo a la influencia negativa de los amigos es asunto de urgencia a los trece o catorce años. Está comprobado que los grupos constituyen uno de los terrenos mejor abonados para la propagación de cualquier clase de adicciones: tabaco, alcohol o droga.

La razón es simple: los mecanismos de presión de la pandilla son muy poderosos, sobre todo cuando se carece de un buen mecanismo de defensa. Los amigos de esa pandilla juegan, además, con la capacidad de crear sentimientos de seguridad o inseguridad, para aislar o rechazar al que no siga las reglas del juego. Por esto es muy frecuente también que un hijo demasiado metido en su grupo, sufra cuando el grupo lo aísla, no lo toma en cuenta suficientemente, según él o definitivamente lo traiciona.

En adolescentes tímidos o con problemas de carácter, la relación con su grupo puede ser especialmente conflictiva y dependiente. El grupo "envalentona", impide la reflexión individual, presiona, justifica lo injustificable y hace que se diluya la responsabilidad personal.

No podemos pretender que nuestro hijo se mantenga siempre al margen de este tipo de influencias negativas. Aunque conozcamos a todos sus amigos y confiemos en ellos, debemos prepararlo para enfrentar situaciones de peligro. Jamás falta la ocasión: en la playa, durante las vacaciones, durante una fiesta... Todos tenemos la experiencia de que dentro del grupo nos portamos de distinta manera y es importante advertírselo al hijo.

Hay que enseñarle a decir "no" cuando sea necesario. Es importante que tenga claro en qué situaciones no se puede ceder jamás:

- En la salud de su propio cuerpo: bebiendo o drogándose, por ejemplo.

- En el respeto por la vida propia o ajena: ¡Ojo con los amigos que le sacan el coche al papá!

- En lo que pisotea sus creencias más profundas, pues eso daña su espíritu que es tan valioso como su cuerpo.

- En lo que mancha su sexualidad, que es la puerta hacia el maravilloso don de la vida.

En lo demás, no podemos pretender que nuestro hijo se niegue por sistema a lo que le gusta a la pandilla. Si el hijo levanta una eficaz barrera de atención a los puntos anteriores, da igual que se vista de extraterrestre un día y de hombre de las cavernas al otro.

Tomar decisiones sin verse presionado es difícil a toda edad y casi imposible en ésta, pero soltar el espíritu de influencias exteriores, sentirse libre por dentro, esto es el arte de aprender a vivir. En este sentido, también los padres deben ser valientes: dejarlo equivocarse un par de veces. Que pruebe el dolor de verse involucrado en algo que le disgusta profundamente. Ya rectificará, dirá que "no" la próxima vez: esto es conseguir suficiente personalidad.

Si tenemos la fortuna de que nuestros hijos vivan inmersos en un grupo sano, es hora de exigirles que ejerzan influencia positiva. Los talentos o buena formación que uno tenga no son para regocijarse en ellos, sino para entregarlos al resto, con valentía.

Sin discursos, a ese hijo hay que hacerle ver que el mundo espera algo de la nueva generación. Que se apasione por cambiar el mal en bien: el idealismo es propio de la juventud y hay que incentivarlo. En otras palabras, si vemos que nuestro hijo va por buen camino, no permitamos que se transforme en un vanidoso o en un indolente.

Los malos amigos pueden generar problemas a nuestros hijos. Es muy difícil controlar las amistades de los hijos. Tú los quieres junto a unos y ellos se juntan con los otros sin saber por qué. Suelen encontrarse alguna afinidad que hace que se sientan cómodos entre ellos. Pero el que tengan afinidades no significa que ambos tengan los mismos criterios y la misma educación, ya que provienen de familias distintas. Si uno de ellos, no ha sido formado con unos valores con respecto a la sinceridad y a la honradez, puede mostrarle al otro modelos de conducta viciados como son la mentira y el engaño. Uno le enseña al otro a realizarlo con naturalidad y ese modelo acaba transmitiéndoselo al otro.

Los padres, cuando nos damos cuenta de lo que está pasando, intentamos alejar a nuestro hijo de esa influencia negativa aunque quizá llegamos tarde y no sabemos qué hacer ni cómo evitarlo. Son pandillas y amigos que se han formado en las aulas o en la calle o en el pueblo de veraneo y que no podemos controlar. A medida que se hacen mayores estas amistades se van consolidando y se vuelven cada vez más importantes. La influencia entre unos y otros es muy grande. Mucho más que la familia, en esos momentos.

Pero algún padre me puede preguntar si es imposible controlar las amistades de nuestros hijos. La verdad es que es muy difícil. No hay una fórmula mágica para conseguirlo, pero hay que procurar educarle desde pequeño en una serie de valores, pero de verdad. Si esos valores los tiene asumidos, querrá rodearse siempre de amigos con esos mismos valores y sabrá elegir de entre los que se le van presentando a lo largo de su vida.

Una buena idea es conocer siempre a los amigos de nuestros hijos fomentando que los traiga a casa o procurar detectarlos en el colegio a través de las actividades que se realizan en él. Otra sugerencia es saber lo que hacen esos amigos cuando están juntos, de qué hablan, sus aficiones, sus ideas...

Cuando tengamos pruebas suficientes hemos de ser claros con nuestros hijos para decirles que no nos gusta tal o cual compañía por los motivos que sea. Desgraciadamente hay padres que no toman esta precaución y cuando se dan cuenta ya es demasiado tarde. Cuidado con la discriminación por la raza o el color o por su nivel social.

Es bueno explicarle a nuestro hijo que tal amigo no es recomendable porque le puede hacer daño su compañía aunque quizá el niño no se ha percatado de esto. Para ayudarle hay que proporcionarle nuevas actividades y nuevos amigos.

Cuando son adolescentes, es ya muy difícil separarlos aunque estén dando bastantes problemas. El niño mentirá con claridad para esconder que va con tal o cual persona a la que le hemos dicho que no nos interesa su compañía.

→ La confianza

La mejor forma de conseguir que nuestros hijos sean sinceros con nosotros es la confianza. Esta relación entre padres e hijos no se consigue a través de formidables sermones sino mostrándole siempre que confiamos en él.

Para conseguirlo lo primero que hemos de hacer es darle un buen ejemplo de honradez y sinceridad personal. Un padre que miente frecuentemente a su hijo o a otras personas no merecerá la confianza de su hijo. Un padre que castiga a su hijo injustamente y le imparte duros castigos será respetado por miedo pero habrá perdido la confianza de su hijo.

Los cuentos que adjuntamos con el libro serán muy útiles para trabajar los valores de la sinceridad y la honradez ya desde que son pequeños. Aprovechemos para verlos juntos y comentar lo que allí se ve, son verdaderos modelos para toda la vida. Aprovechemos las distintas noticias que van surgiendo en la vida diaria para sacar conclusiones sobre vidas ejemplares donde se descubre la sinceridad: los periódicos, las noticias, las películas que tienen ese fuerte atractivo de identificación con los personajes de la historia que se cuenta. Aprovechemos estas situaciones para hablar mucho de sinceridad.

Un niño pequeño puede sentirse orgulloso y mayor si los padres le hacen ver a menudo que confían en él. Que agradecen que les diga la verdad y que no pasará nada si es sincero. Unos padres que siempre sospechan de su hijo, no conseguirán nunca su confianza.

Jaime se porta mal en el colegio y sus padres recibieron un informe del colegio donde el profesor responsable del aula contaba las mil y unas que Jaime había tenido en relación con los compañeros de su clase. Sin embargo, los padres quedaron asombrados porque su hijo nunca les había contado los castigos y la mala actuación que estaba teniendo en el colegio.

Su madre estaba muy preocupada por la falta de sinceridad del niño, más que por las trastadas del colegio y rápidamente tomó la decisión de hablar con su hijo para contarle que ella no iba a enfadarse por lo que le ocurriera pero que se lo contara siempre. Al cabo de una semana, Jaime se acerca a su madre y le cuenta la última pelea que ha tenido en el colegio. Su madre le felicitó por su sinceridad e intentó ponerse a su altura para comprender las causas de esas peleas. Sin embargo, la batalla más importante se había ganado.

Si uno de nuestros hijos vuelve a casa y su ropa huele a tabaco, podemos pensar de dos maneras. Mi hijo me engaña y no me cuenta que está fumando con catorce años o realmente me está diciendo la verdad al decirme que no fuma. Hemos de confiar siempre en lo que nos dice aunque pueda estar engañándonos. Incluso, si en una ocasión descubrimos que nos ha engañado, no debe significar eso el final de la confianza. Se le puede explicar que una mentira aislada se puede perdonar pero que si esto es habitual, perderá la confianza de sus padres. Esta es una forma de hacerle ver la importancia de la confianza y de la sinceridad y que debe esforzarse por conseguirla.

Esta pérdida de la confianza de sus padres o de sus amigos es una consecuencia grave para un adolescente.

→ Los castigos

Estamos ante una de las discusiones pedagógicas de mayor tradición. Lógicamente, responde a una escuela o tendencia concreta. Si pensamos que lo que nos interesa es conseguir a corto plazo niños que cuiden el orden o sean sinceros y para eso creemos que podemos conseguirlo a través de una autoridad basada en el castigo, sin más, tenemos ante nosotros una tendencia educativa en la que parece que son ordenados o sinceros pero no lo son. Aparentan serlo externamente pero no están convencidos de ello. Lo hacen por miedo.

La tendencia contraria se basa en una educación a largo plazo, donde se busca el mismo objetivo, inculcar esos valores, pero intentando que sea el niño el que quiera ser ordenado o se dé cuenta de que ser sincero vale la pena siempre. Los resultados de esta educación basada en la confianza son niños que han asumido esos valores y los han hecho totalmente suyos.

Dicen los expertos que la mayor parte de los delincuentes juveniles han sido educados con cinturones, tablas, cuerdas o puños. Inculcar el miedo al castigo provoca una actitud deshonesta y viciada porque el planteamiento falla desde la base.

Los padres que castigan mucho a sus hijos por mentirles, tienen hijos más mentirosos por el motivo evidente: tienen miedo a que le castiguen. Ven la mentira como una estrategia para evitar el dolor. Estas situaciones, que nos parecen exageradas en la actualidad, en otra épocas era muy normal y el padre castigaba a sus hijos con el látigo o con otros tipos de castigo físico.

Muchos de los lectores estarán pensando qué ocurre cuando intentamos utilizar otros métodos que no son el castigo y no surge efecto. Veamos este ejemplo:

> Guillermo siempre comentaba a su madre que no tenía deberes y se ponía a ver la televisión. Llegó una nota del colegio diciendo que Guillermo no estaba presentando sus deberes. La madre tenía dos opciones, enfadarse y castigarle o no en-

fadarse y explicarle a su hijo que lo más grave de todo lo que estaba sucediendo era su falta de sinceridad. A la vez, tiene que ponerle un castigo que sirva para solucionar el problema y, como éste se basaba en dedicarle tiempo a la televisión, decidió quitarle ese placer hasta que demostrara que podía confiar en él. A Guillermo le quedó claro que no debía mentir, que eso era algo importante y también descubrió que su madre confiaba en él y eso le permitió asumir el castigo de forma positiva.

Los gritos, los castigos mal enfocados, los enfados llevan a los padres a un camino sin salida. Si queremos realmente que nuestros hijos sean sinceros con nosotros, hemos de ayudarles dándoles una respuesta adecuada a sus problemas.

Aunque es sabido que los castigos son difíciles de imponer, pienso que los siguientes puntos han de quedar claros: hay que evitar los castigos físicos; separar el castigo por la mentira del castigo por la falta que ésta encubre; destacar el efecto que su falta tiene en los demás; ajustar el castigo a la falta realizada.

Pero, ¿qué hacemos si aplicamos todo lo dicho y el niño sigue sin hacer los deberes y continúa mintiendo sobre ello? Puede ocurrir, no lo vamos a ocultar. Quizá entonces será bueno acudir a un asesor externo que nos ayude a detectar alguna desviación de nuestro hijo.

El castigo pone fin inmediatamente a la conducta indeseada. Un grito, mandar al niño al rincón tiene efectos mágicos..., pero sólo inmediatos. Además, ese efecto tan rápido viene acompañado de consecuencias negativas a largo plazo:

- En el caso del castigo físico se está enseñando a los niños (tanto al que lo sufre como a posibles niños observadores) que la violencia sirve para resolver los problemas.

- El niño aprende a ser más cuidadoso para que la próxima vez no le pillen, pero no aprende necesariamente a ser más responsable.

- Con el castigo no se le enseña el buen comportamiento, si acaso lo que no se debe hacer.

- El castigo crea resentimiento y deseos de venganza.

- El castigo humilla y afecta la autoestima del niño.

Pero, ¿por qué, si el castigo tiene tantos efectos negativos, se continúa utilizando?

Los padres utilizamos este método como alternativa porque es lo que nuestros padres han hecho con nosotros y pensamos que nos fue bien. Además, los resultados son inmediatos "aparentemente" y los padres nos sentimos aliviados del enfado que produce que nuestro hijo nos mienta.

Sin embargo, hemos comentado que, a largo plazo, surgen dificultades ya que no les estamos educando en la sinceridad sino que estamos simplemente castigando su falta de sinceridad. ¿Qué otras alternativas existen? ¿Cómo podemos hacer ver a los niños que no nos gusta su comportamiento, que deben corregirse, pero sin castigarles, humillarles o hacerles sentirse mal?

Éstas son algunas propuestas sencillas:

- Manifestar nuestro total desacuerdo con su conducta. Aquí no atacamos al niño, sino a su comportamiento.

- Manifestarle lo que esperamos de él. Le hacemos ver lo que nos gustaría que ocurriera o cómo debería comportarse.

- Mostrarle cómo rectificar. Se le enseña la conducta correcta para que la próxima vez no cometa el mismo error.

- Si el niño no rectificara su conducta, habría que pasar a la práctica, comenzando por presentarle opciones de comportamiento.

- Finalmente, hay que aplicar consecuencias.

Un ejemplo puede servir para aclarar estos consejos:

El niño está remoloneando con los deberes, sin cumplir con la norma de hacer sus trabajos después de merendar tal como habíamos quedado. La alternativa al castigo que se plantea es la siguiente:

- Manifestamos nuestro desacuerdo con rotundidad: "Me parece mal que no hayas cumplido tu compromiso de hacer los deberes después de la merienda."

- Manifestamos lo que esperamos de él: "Me gustaría que te pusieras a hacer las tareas como prometiste."

- Mostrarle como rectificar: "Has sacado los juguetes nada más merendar y ya te has distraído. Creo que sería mejor que pasaras directamente de la merienda a empezar los deberes"
Si el niño continuara sin ponerse a trabajar:

- Darle opciones: "Puedes ponerte a hacer los deberes ahora, o dar mañana explicaciones a tu profesor."

- Aplicar consecuencias: "Tendrás que recoger el material, porque ya ha pasado la hora de los deberes."

En este ejemplo, no se ha aplicado ningún castigo, sino una consecuencia lógica: el niño tendrá que asumir su responsabilidad al no llevar hecha la tarea. Se supone que esa consecuencia (el tener que dar explicaciones y hacer la tarea atrasada en su tiempo libre del colegio) hará que el niño al día siguiente sea más diligente. Lógicamente, si con eso sólo se consiguiera que el niño se librara de hacerlo, habría que cambiar la consecuencia.

Los padres no estamos buscando el poder, nuestros hijos querrán cooperar con nosotros pues ellos están interesados en la cooperación como forma de comunicación. Pero para lograrlo necesitan tener confianza en nosotros y no seremos confiables, de ninguna manera, si tratamos de gobernarlos para escapar de nuestro propio desamparo.

→ Saber escuchar a nuestros hijos

Los hijos saben perfectamente cómo comunicarnos las cosas de forma clara cuando algo les preocupa o no les gusta. En la vida cotidiana de nuestro hogar, son múltiples las situaciones que se suceden en las que nuestros hijos nos están transmitiendo un mensaje muy claro. Algo no va bien: un juguete perdido, un corte de pelo excesivo, unos tejanos demasiado ajustados, una pelea con un hermano... Todo tiene un mensaje que hemos de saber recoger. Se trata de saber escuchar a nuestros hijos y entender lo que nos quieren decir.

Muchas veces no escuchamos a nuestros hijos. Esperamos a que terminen de hablar para luego decir lo que tenemos en la cabeza. Escuchar de verdad es una tarea ardua. Tienes que concentrarte si no quieres dar una respuesta estereotipada. Cuando nuestros hijos se dan cuenta de que puede contar con la aceptación de sus padres, se decidirán a contarnos lo que le preocupa. Nunca antes. No esperemos que nos cuenten nada si no sabemos escucharles.

Los padres creemos que para comunicarnos adecuadamente con

nuestros hijos nos basta el profundo amor que les tenemos, nuestra experiencia de la vida y la necesidad que ellos tienen de ser guiados y corregidos. Probablemente, estos tres ingredientes, junto al sentido común, sean suficientes en muchas ocasiones para mantener una buena comunicación con nuestros hijos. Y tal vez sería un esquema válido si no existieran los sentimientos.

El mundo emocional del niño es tan o más complejo que el del adulto, lo que dificulta el entendimiento entre ambos y hace imprescindible que los padres aprendamos el arte de la comunicación para garantizar que decimos lo que queremos decir y, a la vez, escuchamos lo que realmente el niño siente y quiere decir. Esto puede parecer una nimiedad, pero en las relaciones cotidianas los conflictos, la sobrecarga de trabajo y el cansancio ponen las relaciones entre padres e hijos en constante jaque.

Nosotros, como adultos, confiamos nuestros sentimientos, problemas y ansiedades sólo a aquella o aquellas personas que sabemos que realmente nos prestarán toda su atención y nos escucharán más allá de las palabras. A los niños y a los adolescentes les ocurre lo mismo. Y cuanto más pequeño es el niño, más necesita que prestemos oídos y atención a sus conflictos cotidianos por mucho que a nosotros, en ocasiones, nos parezcan insignificantes y baladíes.

Las palabras que utilizamos como respuesta a las explicaciones de un niño pueden facilitar que continuemos el diálogo o lo bloquearemos. Veamos el ejemplo siguiente:

> Víctor es un niño de 4 años y al salir de clase la señorita le dijo a su madre:
>
> – Hoy he tenido que castigarle con otros niños en unas sillas aparte porque no querían volver del recreo.

Su madre podía haber contestado:

– ¿Cómo es eso Víctor? Debes hacer caso a tu señorita y entrar en clase cuando ella lo dice.

Y ahí se habría acabado la conversación. La madre no habría dejado espacio para la comunicación ni de los sentimientos ni de la situación personal vivida por el niño en el recreo.

Veamos cómo respondió su madre y qué sucedió:

Señorita – Hoy he tenido que castigar a Víctor con otros niños en unas sillas aparte porque no querían volver del recreo.

Madre – (cogiéndole en brazos y alejándose) ¿Cómo te has sentido cuando la señorita te ha castigado?

Víctor – Mal, muy mal.

Madre – ¿Por qué crees que os ha castigado?

Víctor – Porque no entrábamos en clase. Pero es que yo estaba jugando con mis amigos en el tobogán y no quería entrar.

Madre – ¿Y crees que tenías que entrar o quedarte en el patio?

Víctor – Tenía que entrar.

En el primer diálogo, para el niño, la intervención de su madre resulta vacía de contenido puesto que él ya ha llegado a la conclusión de que debe entrar en clase cuando la señorita lo llama y, sin embargo, no se tiene en cuenta cómo se ha sentido, cómo ha vivido la situación. Mientras que, en el segundo, lo que el niño recibe es: "A mi madre realmente le interesa lo que siento y lo que pienso".

Las palabras que elegimos evidencian una actitud de escucha y atención hacia el niño o de ignorancia y desatención. Existe una tipología de padres basada en las respuestas que ofrecen a sus hijos y que derivan en las llamadas conversaciones cerradas, aquellas en las que no hay lugar para la expresión de sentimientos o, de haberla, estos se niegan o infravaloran.

Existen varias posiciones interesantes que queremos analizar:

Los padres autoritarios: temen perder el control de la situación y utilizan órdenes, gritos o amenazas para obligar al niño a hacer algo. Tienen muy poco en cuenta las necesidades del niño y transmiten el mensaje de que los padres no están interesados en lo que el niño sienta o tenga que decir. Se erigen en la autoridad por la fuerza.

Los padres interesados (consciente o inconscientemente) en que su hijo sepa que ellos son más listos y con más experiencia, utilizan el lenguaje en negativo, infravalorando las acciones o las actitudes de sus hijos. Comentarios del tipo "no corras, que te caerás", "ves, ya te lo decía yo, que esa torre del mecano era demasiado alta y se caería" o, "eres un desordenado incorregible". Son frases aparentemente neutras que todos los padres usamos alguna vez. El problema es que sean tan habituales que desmerezcan los esfuerzos de aprendizaje de nuestro hijo y le conviertan en una persona dubitativa e insegura.

Los padres que quitan importancia a las cosas: es fácil caer en el hábito de restar importancia a los problemas de nuestros hijos sobre todo si realmente pensamos que sus problemas son poca cosa en comparación a los nuestros. Comentarios del tipo "¡bah, no te preocupes, seguro que mañana volvéis a ser amigas!", "no será para tanto, seguro que apruebas, llevas preparándote toda la semana" pretenden tranquilizar inmediatamente a un niño o a un joven en medio de un conflicto. Pero el resultado es un rechazo casi inmediato hacia el adulto que se percibe como poco o nada receptivo a escuchar. Con este tipo de respuestas sólo lograremos alejar a nuestro hijo de nosotros y comunicarle que no nos interesan ni sus problemas ni sus sentimientos o que los consideramos de poca importancia, opinión de la que es fácil derivar "luego, yo tampoco les intereso".

Los padres que dan conferencias: la palabra más usada por los padres en situaciones de "conferencia o de sermón" es: **deberías.** Son las típicas respuestas que pretenden enseñar al hijo en base a nuestra propia experiencia, desdeñando su caminar diario y sus caídas. "Deberías estar contento, la fiesta de cumpleaños ha sido un éxito" o "deberías saber que tu profesor sólo quiere lo mejor para ti". Así estamos dejando de escuchar y de interesarnos por lo que realmente el niño o el joven está sintiendo o pensando. Después de respuestas de este tipo, nuestro hijo dará media vuelta y probablemente pensará: "ya está otra vez diciéndome lo que tengo que hacer, ¡qué pelma!".

Frente a estas actitudes, defendemos la comunicación abierta, basada en la capacidad de escuchar activamente. Escuchar activamente es algo más que percibir con nuestros oídos las palabras que nos envía la persona con la que estamos hablando. Supone estar dispuesto a captar los sentimientos del niño, la profundidad con que le ha afectado el problema y la necesidad, manifiesta o no, de hablar de cómo se siente. Y también supone respetar y aceptar al niño tal y como es, sin etiquetarlo ni rechazarlo por lo que siente o por lo que hace. Para comunicarnos de manera efectiva con nuestros hijos es necesario que aceptemos lo que son y lo que sienten, porque, de esa manera, podrán aceptar que no estemos de acuerdo con lo que hacen y serán capaces de confiar en nosotros haciéndonos partícipes de sus pensamientos y de sus sentimientos. Otra de las grandes ventajas que comporta mantener una comunicación abierta es la disminución de los conflictos habituales con los hijos.

Escuchar es un arte que implica en la misma proporción a la razón y al corazón. Descuidar uno, desnivelará la balanza y perderemos el equilibrio necesario entre la corrección y la ternura, o entre la educación y el amor. Escuchar ha de implicarnos totalmente. Cuando nuestro hijo se acerca lloroso, apesadumbrado, disgustado, dolido o desengañado, escuchemos no sólo las palabras y miremos sus ojos, su corazón, sus sentimientos y emociones más profundas y sintámonos seres privilegiados por poder estar a su lado y ser con nosotros con quienes comparte sus ansias y desvelos, y démosle entonces las palabras de aliento y el abrazo necesario que les lleve a poder vivir y aprender como seres autónomos y emocionalmente estables.

CAPÍTULO 6

LA FALTA DE SINCERIDAD

Los adolescentes necesitan hablar, contar sus cosas, sus sentimientos, sus preocupaciones, sus ilusiones. En definitiva, comunicarse. Hablan poco en casa pero fuera, no callan. Con sus amigos mantienen charlas interminables. Entre ellos se lo cuentan todo, sin embargo guardan un hermetismo casi total con sus padres.

Los padres nos quejamos de que no cuentan nada en casa, de que les cuesta hablar, de que responden siempre con monosílabos. Muchas veces parecen como ausentes, como si fueran únicamente a la suya y nos sentimos como impotentes.

La relación con nuestros hijos adolescentes requiere adaptarse a una nueva etapa diferente, ni peor ni mejor. Un chico definía la adolescencia como una enfermedad que padecen los padres cuando sus hijos tienen entre doce y dieciocho años. Desde el punto de vista de los hijos, son los padres los que están raros y no les falta razón porque más que de adolescentes difíciles hay que hablar de padres desorientados. Sin embargo, hay que admitir que la desorientación es mutua, porque los adolescentes tampoco saben lo que les pasa.

Debe quedar claro que la adolescencia, no es una enfermedad de ninguna de las maneras. El adolescente es una persona que está a punto de nacer a la vida adulta y se siente extraño, no sabe lo que le pasa, cambia de humor repentinamente, hay desconcierto, incertidumbre, inseguridad.

¿Qué podemos hacer los padres ante tal situación? Mucho: estar ahí sin que se note. Nuestros hijos han de ser los protagonistas de su propia educación. Se embarcan en un viaje de exploración. Es un viaje con sus momentos turbulentos donde deben empezar a conocerse y llegar al descubrimiento de su intimidad. Al igual que para un niño para el cual todo lo que le rodea es nuevo, para un adolescente todo lo que siente dentro de sí es nuevo. Sin darse cuenta se va haciendo adulto, tanto en el lado biológico, pues siente que su cuerpo cambia, como en cuanto a la inteligencia y voluntad. Esta situación hace que le cueste a veces controlar su cuerpo que crece a su antojo o su inteligencia y su voluntad.

Muchas veces, lo que se propone el adolescente es ponerse a prueba a sí mismo (y al mismo tiempo a los que tiene a su alrededor), enfrentándose a las normas, se rebela contra la autoridad, critica las pautas establecidas, tiene reacciones contradictorias, se muestra provocativo y puede llegar a ponerse en situaciones de riesgo.

El adolescente se hace preguntas profundas sobre el sentido de la vida y de la muerte, sobre el destino del mundo, la felicidad y la libertad. Un niño las pregunta y espera la respuesta del adulto. Un adolescente desea responderlas por sí mismo. Para ello, necesita muchos momentos de intimidad y de diálogo, ser escuchado y tenido en cuenta, valorado y apreciado.

Por eso comentaba que los padres pueden hacer mucho. La clave está en el diálogo. Pero ¡cuánto cuesta hablar con los hijos adolescentes! Muchas veces esas conversaciones terminan en monólogos. Parecen diálogos de sordos. Otras veces terminan en pelea porque parece que nuestro hijo no escucha. Es difícil pero hay que intentarlo.

Debemos encontrar el ambiente adecuado y el momento propicio que es, no cuando los padres queremos sino cuando ellos lo necesitan. No podemos dejar pasar la ocasión del momento adecuado, aunque tengamos muchas cosas urgentes que hacer en ese momento porque esto es mucho más importante. El adolescente debe tener muy claro que siempre cuentan con el apoyo de sus padres, que están ahí, sin querer entrar en su intimidad si no lo desea.

Debe haber confianza. Si la primera vez que nuestro hijo nos hace una confidencia muy íntima, respondemos echándonos las manos a la cabeza, armando un escándalo o castigándolo de forma severa, posiblemente será la última vez que se sincerará con nosotros. La confianza es una virtud recíproca, quién la otorga la recibe también. Es la condición de todo diálogo.

Es importante aceptar sus formas. No podemos pensar que todo funcionará a la perfección. La serenidad la tenemos que poner los adultos. Los hijos, a esta edad, tendrán salidas de tono, discusiones o subidas de voz. Pretender una conversación afable con un adolescente es no haber entendido su situación.

No debemos entablar batallas dialécticas, sino razonar mediante el diálogo. Tampoco se trata de presentar encima de la mesa buenas razones desde nuestro punto de vista, sino buenas razones que tengan peso para nuestros hijos.

Hemos de llegar a establecer pactos con nuestros hijos. El regateo es una forma de dialogo que da mucho juego. Hemos de saber ceder en lo superficial para ganar en lo esencial. Quizá merezca la pena, por ejemplo, "cambiar" un corte de pelo por una salida con la familia el domingo. Lo más importante no es la salida con la familia sino el pacto conseguido. Cuando se pacta, se produce un compromiso y el compromiso une.

El diálogo con nuestros hijos hemos de aprovecharlo para darle criterios. Hay que huir de los sermones y de las reprimendas que generalmente no sirven de nada a ninguna edad. Eso exige una cierta habilidad que se va aprendiendo con el tiempo. Es en este punto donde a veces nos estancamos y entonces, ellos se esconden en su cascarón.

Veamos ahora diferentes motivos por los cuales dejan de sincerarse con los padres o se rompe la comunicación con ellos.

→ No son sinceros porque no les dejamos crecer

Todos los padres quieren a sus hijos pero no todos los saben querer. Muchas veces convertimos nuestro amor a los hijos en un proteccionismo excesivo y les agobiamos tanto que no les dejamos tomar sus propias decisiones. Hemos de permitir que se equivoquen y que aprendan de sus errores. Si no es así, los convertimos en unos inmaduros consentidos.

Queremos lo mejor para nuestros hijos y quizá aquí está nuestro error. No se trata de querer lo mejor, sino su bien. Lo mejor es, normalmente, lo mejor para los padres, no para los hijos. El camino fácil no es siempre el mejor. Lo mejor es hacerle la cama porque es más rápido sin embargo, a la larga estaremos convirtiéndolos en unos comodones.

Muchas veces ponemos mucho corazón pero poca cabeza y no somos valientes para reconocerlo y especialmente para ponerlo en práctica con nuestros hijos. Los hijos son las "víctimas" del amor ciego de sus padres. Sabemos que tienen que pasar por momentos duros, pero no podemos soportar que sufran porque quizá no queremos sufrir nosotros. Hay que dejarles crecer e incluso ver cómo toman su propio camino diferente del nuestro. Es ley de vida. Si no lo hacemos, ellos mismos dejarán de ser sinceros con nosotros. No nos contarán lo que desean hacer para sentirse libres de las ataduras de sus padres.

→ No son sinceros porque no hay confianza

En la base de cualquier tarea preventiva está la confianza y la comunicación. Debemos mantener siempre un clima de sinceridad entre nuestro hijo y nosotros y, además, cuidarlo de forma especial cuando llega a la adolescencia. Si confían en nosotros, si no se ha roto la comunicación (a pesar de que el adolescente adopte otras formas), tenemos mucho ganado.

La clave para no perder esa confianza está en no escandalizarse de nada de lo que nos cuente y hacerles ver que siempre estamos a su lado. Pongamos el caso de un hijo que poco a poco se ha ido introduciendo en el mundo de las pequeñas drogas. Él llega a decir que se está divirtiendo y que estas pastillas le ayudan a aguantar la marcha nocturna. Opina que lo importante es divertirse y si "eso" le ayuda por qué no utilizarlo, ya hace cuatro meses que las toma y no le pasa nada.

En realidad pensaba que no le pasaba nada, pero, por ejemplo, su rendimiento académico había bajado mucho ya que era una persona con buenas notas. Ante el consejo de un amigo, responde que no se droga, que vive el fin de semana a tope y si no lo hace ahora, no lo podrá hacer nunca. Cuando quiera, dejará las pastillas y ya está. No había que preocuparse y tampoco hace falta contarles nada a los padres.

Una pequeña pastilla, que se ingiere en un instante, contiene los elementos químicos suficientes para provocar lo que se llama un "subidón" que produce una sensación de gran euforia, un aumento de la empatía y de la capacidad de relación, una disminución de la sensación de cansancio y una acentuación de la sensualidad. Es la droga llamada éxtasis que se distribuye en los bares de manera ilegal, generalmente en los lavabos y aparcamientos.

Los efectos de estas drogas son demoledores. Una sola pastilla puede llegar a matar. Nadie puede predecir los efectos en cada consumidor. El joven pastillero va matando poco a poco su cerebro y eso lo pagará en algún momento.

Los padres hemos de informarles desde los trece años o antes de los efectos de las drogas, de los tipos que hay y cómo son. Además, un ejemplo vale más que mil palabras. Si ven que por cualquier malestar nos atiborramos de pastillas, estamos incitando a nuestros hijos, sin saberlo, al consumo de drogas.

También hemos de revisar el sistema de motivaciones que tenemos en casa. No es necesario que hagan las cosas por un premio o un castigo, especialmente cuando empiezan a ser mayores. Pensemos que el premio que llevan las drogas es muy atractivo.

Es bueno que les enseñemos a ser críticos, a tener criterios en las cosas que hacen, a valorarlas en su profundidad y no de forma superficial. Tampoco interesa darles todo lo que piden y que tengan vicios como pueden ser las golosinas. Un niño enganchado a las golosinas puede ser un adolescente enganchado a las drogas.

Hemos de procurar no crear en ellos una imagen negativa de sí mismos con nuestros comentarios, con castigos excesivos. Quizá puede ser inteligente por nuestra parte el presentarles actividades en las que consigan éxito. Cuánto agradecen, aunque quizá no lo manifiesten, que les digamos que les queremos.

Si notamos un cambio brusco en sus hábitos: forma de vestir, rendimiento, absentismo escolar, nuevas amistades, horarios intempestivos, cambios de carácter... hemos de tener cuidado. Ayudarles siempre y mantener su confianza en nosotros para que siempre puedan sincerarse.

→ Internet: vivir una doble personalidad

Un nuevo elemento que hay que tener muy en cuenta a la hora de educar a nuestros hijos en la sinceridad es el uso de Internet. Con este artilugio entra en casa todo, absolutamente todo. Desde su habitación, cualquier adolescente puede contactar con cientos de personas de todo el planeta, puede explorar lugares insospechados, pero también puede caer en las redes invisibles de esa gran red.

Está claro que es un gran avance en los sistemas de comunicación e información: el correo electrónico, los chats, los foros... Tenemos a nuestra disposición todo un mundo nuevo. Esto es algo que el adolescente agradece pues necesita más que nadie comunicarse e informarse para alcanzar la madurez necesaria. El problema radica en el uso que se haga. Puede ocurrir que cuanto más acceso tenemos a la comunicación más aislados estamos. Se convierte en una adicción, en un peligro.

Un peligro es la curiosidad: qué dirá esta página, qué mensajes tendré en el correo, con quién hablaré esta tarde... La inmediatez es una ventaja muy peligrosa.

Otro peligro es la pérdida del sentido del tiempo. Aunque en teoría nos tendría que ahorrar tiempo ya que accedemos inmediatamente a toda la información, nos lo hace perder navegando sin un rumbo fijo durante horas y horas por los mares de Internet.

Y a nuestros hijos les puede ocurrir lo que le pasó a Juan. Un chico de 15 años algo introvertido y bastante tímido. Algunos de sus profesores del colegio comentaban que parecía algo cansado y que a veces se dormía en clase. Juan decía que se quedaba hasta tarde estudiando pero sin embargo sus notas iban bajando en el último trimestre. Juan se distrae porque tiene conectado su ordenador cuando estudia. Está pendiente de los que se conectan con él en el Messenger. En el momento que se conecta alguien, entra en la red y ya no sale hasta al cabo de varias horas. Se pasa toda la noche conectado. Hay días que va al colegio sin haber dormido nada. Durante las dos primeras clases los pasa fatal, pero luego se recupera y cuando llega a casa se echa una siesta hasta que sus padres vuelven del trabajo. Luego, por la noche, no tiene sueño.

Pero todo esto no lo sabe nadie, lo oculta y termina representando dos personalidades muy distintas: el mundo exterior de sus relaciones académicas y familiares y el mundo interior de Internet. Es allí donde él disfruta y donde es realmente "sincero". Nadie puede apreciar sus "limitaciones" y tiene la oportunidad de ser lo que ha soñado ser. Nada que tenga que ver con la realidad.

Juan tiene un centenar de contactos, gente de todas las edades y de todos los lugares. Tiene en Internet otra personalidad. Se llama "lilipud45" y se presenta a sus "amigos" como un chico alto y fuerte cuando es una mosquita muerta en la realidad. Bajo esta falsa identidad, es capaz de decir cualquier cosa y puede ser lo que no es. El tema es bien grave pero no se da cuenta de lo que puede significar esa doble cara. Está mintiendo y construyendo una falsa realidad en la que convive con otras personas un mundo donde uno elige una nueva forma de vida irreal. Es lo que no es pero nadie lo sabe. La situación es muy peligrosa e incluso puede llegar a consecuencias muy graves.

Se han dado casos, en que la persona con la que contacta también simula otra personalidad pero con intenciones muy claras de engaño. Por ejemplo, Juan se acabó enamorando de una chica que no conocía físicamente y se han intercambiado fotos. Esta chica no es de su edad, pero él no lo sabe y las consecuencias pueden ser nefastas.

¿Qué podemos hacer los padres para que nuestros hijos no caigan en las redes de Internet? Es bueno que nuestros hijos dominen la comunicación a través de las redes informáticas, pero con el debido control para no correr riesgos parecidos al de Juan. Éstas son algunas pautas que podemos tener en cuenta:

- Navegar juntos las primeras veces y, después, de vez en cuando.

- Colocar el ordenador en un lugar visible, en una habitación común para poder controlar el uso que hace de él sin perder su intimidad.

- Colocar filtros que bloquean el acceso a determinados lugares de la red sabiéndolo ellos.

- Establecer juntos las reglas de uso: pedir permiso para acceder a Internet, concretar horarios, limitar los chats, no dar nunca información personal a desconocidos, no entrevistarse nunca con personas que han conocido por Internet, nunca usar la tarjeta de crédito, antes de hacer una compra llegar a un acuerdo.

Debemos tener claro que si nuestro hijo está "enganchado" a Internet debemos hablar con él para explicarle con calma los peligros reales que eso conlleva. Hablemos muy claro, para que sepa que queremos ayudarle y no fastidiarle. Esto le ayudará a evitar todos estos problemas y a ser más auténtico evitando el peligro de la doble personalidad.

→ El consumismo: vivir engañado

El consumismo es uno de los motivos por los que nuestros hijos pueden perder una visión profunda de la vida y quedarse con lo superficial y vivir totalmente engañado, con falta de sinceridad real.

Es la ideología dominante en nuestra sociedad, el motor de nuestra economía. Estamos sometidos a la presión del consumo, existe ya como patología y las personas que lo padecen se encuentran afectadas en su conducta y en su salud mental.

El consumista vive en un estado de ansiedad continua. Nunca se siente satisfecho y necesita comprar y comprar. Se comporta de manera compulsiva, adquiere muchas cosas que luego no utilizará y de las que puede prescindir perfectamente. No valora el esfuerzo ni el sacrificio. Para él, ser es tener.

Éste es el caso de Pedro, un chico que hasta cierta edad había sido un buen estudiante y que, de repente, había bajado notablemente su rendimiento. Parecía apático y distraído en las clases. Pedro tenía ahora nuevos amigos y hablaban siempre de aparatos nuevos y de las últimas modas.

Sus padres le daban todo el dinero que necesitaba para irlo gastando en lo que se le antojaba. Manejaba una cantidad de dinero bastante importante. Su problema era cómo gastar el dinero. Poco a poco, se había convertido en un consumidor compulsivo o, sólo pensaba en comprar y comprar… Su actitud cambió porque ahora ya no estaba pendiente de las personas, sino de las cosas. Se estaba quedando solo y con sus compañeros hablaba únicamente de cosas superficiales.

Como podemos apreciar, el consumismo puede llevar a nuestros hijos a perder su identidad personal. ¿Cómo conseguir que lleguen a ser personas auténticas? ¿Cómo enseñarles a estar por encima de lo material?

La respuesta a esta pregunta pasa por la idea de educarles en la carencia, en la falta de bienes materiales, en la sobriedad. Y para eso lo primero que hay que hacer es dar ejemplo desde el principio o desde ahora mismo. Si nosotros estamos atrapados en la rueda del consumo, si nuestra conversación es sobre coches, casas, aparatos, etc., estamos metiendo a nuestros hijos en el remolino del consumismo.

En segundo lugar debemos enseñarles a discernir entre lo necesario y el capricho pues eso les ayudará a salir de la presión comercial a la que estamos actualmente sometidos. Actuar así con nuestros hijos es realmente muy útil pues les damos las herramientas para que vivan aplicando buenos criterios, con verdadera libertad, en definitiva, con total sinceridad.

Es muy interesante hacer comentarios en nuestras reuniones familiares tras un anuncio donde se nos engaña descaradamente y aclarar criterios sobre lo esencial y lo superficial; durante la visualización de una película en familia, aprovechar los mensajes consumistas para puntualizar conceptos que a nuestros hijos les ayudará a sentirse libres de las ataduras del consumismo.

Hay que evitar los largos discursos sobre estos temas. Lo mejor es el ejemplo y la vida práctica. Aprovechemos los verdaderos momentos en los que nuestros hijos son más sensibles para recibir estos mensajes, tan importantes por otro lado.

Por último, hay que fomentar la generosidad con actuaciones concretas: visitar un hospital de enfermos, participar en un campo de trabajo para reconstruir una escuela. Los jóvenes son muy generosos si se les ayuda a serlo y les encanta este tipo de actividades que les llena del vacío que deja el consumismo.

→ Los castigos desproporcionados conducen a la falta de sinceridad

Los castigos desproporcionados suelen tener consecuencias desproporcionadas. En educación, su eficacia es inversamente proporcional a su dureza. No quiere decir que no hemos de castigar o premiar pero de forma proporcionada, con sentido común, con prudencia. Además, existen otros medios eficaces como son la prevención, el ejemplo y la motivación dialogada.

Hoy en día existe una forma de educar más preventiva. No se trata de ir apagando fuegos sino de llegar antes de que ocurra el incendio. Ya hemos dicho muchas veces que el ejemplo es primordial. La gente aprende más de lo que ve que de lo que oye. Un ejemplo vale más que mil palabras.

Está experimentado que la motivación es el arma que más eficacia tiene. Si tenemos motivos para hacer algo lo haremos mejor que si no tenemos interés. Aquí está la clave de todos los argumentos que tratan sobre la educación de los valores en los hijos: cuando los hijos quieren hacerlo, ven que vale la pena el esfuerzo, valoran lo que deben hacer, lo realizan. Cuando se les impone, entonces no conseguimos el mismo efecto. Cuando están motivados, son capaces de saltar todas las barreras para conseguirlo y sin motivación, es más difícil dar el salto.

En un instituto hacía días que desaparecía dinero en la hora de educación física. Todas las sospechas se centraban en Raúl por las repetidas visitas que había realizado al gimnasio en esos días. Raúl reconoció que había sido él pero dejando claro que no era un ladrón, tomaba el dinero prestado porque se había quedado sin dinero. Tenía la idea clara de que lo iba a devolver más adelante.

El motivo era muy claro. Hacía un mes que sus padres le habían castigado sin paga hasta el final de curso por haber suspendido una asignatura. Con lo que tenía ahorrado, iba tirando. Pero llegó un momento que ya no podía ir más de gorra. Le cogía dinero a su madre aunque eso no era suficiente. Se daba cuenta que estaba mal pero no sabía cómo solucionarlo y decidió pedir un préstamo con la idea de devolverlo todo.

Sus padres son muy duros con los castigos y aunque les pidió clemencia, no se la dieron.

Como podemos apreciar un castigo demasiado duro genera una falta de sinceridad con sus compañeros a los que les roba y con sus padres a los que intenta ocultar lo que está haciendo porque no tiene más remedio que hacerlo. Teme el castigo y no está dispuesto a sincerarse con ellos.

En lugar de castigar tan duro lo que los padres debemos hacer es crear un ambiente de diálogo que permitirá acercarnos a nuestros hijos para que se puedan sincerar cuando hacen algo mal.

También es interesante hacerles ver la necesidad de cambiar de actitud con razones que tengan fuerza para ellos. Convencerles de que son capaces de hacerlo y ayudarles demostrándoles que no están solos, que cuentan con nuestro apoyo. Es muy importante es que nuestros hijos sientan que estamos cerca suyo cuando nos necesitan y que queremos ayudarles.

Cuando haya que castigar, debe quedar claro que castigamos una conducta determinada nunca a la persona que debe saberse siempre querida. No vamos a fastidiarle sino a ayudarle aunque a veces esto es difícil de demostrar. Y no nos olvidemos de elogiarle cuando hace cosas correctas.

En definitiva, hemos de procurar no perder la confianza que nos tienen, porque de esta manera siempre serán sinceros con nosotros y si meten la pata, nos lo comentarán o como mínimo les costará menos contárnoslo.

→ La necesidad de ocultar hechos lleva al engaño

La conciencia es la brújula que nos guía en nuestro obrar, es la que nos ayuda a enfocar nuestro barco hacia el verdadero rumbo, es la que nos marca la dirección que hemos de tomar si de verdad queremos ser sinceros con nuestra vida. Si las agujas de la brújula de nuestros hijos se mueven de forma caprichosa, difícilmente podrán orientarse: van a la deriva y corren el peligro de naufragar como personas, de confundir el bien con lo conveniente en ese momento, lo placentero por lo útil. Lo que coloquialmente se denomina "perder el norte". Externamente, la vida de nuestros hijos aparenta ser normal, pero en realidad es la vida de una marioneta manejada por los hilos del antojo.

A cada persona le ocurre como a Pinocho. El hada madrina, atendiendo las peticiones del viejo Gepetto, hace que su muñeco de madera cobre vida. Sin embargo, sólo podrá dejar de ser marioneta cuando tenga criterio propio, entonces se convertirá en una persona de carne y hueso. Para conseguirlo, el hada le entrega un ayudante: se trata de Pepillo Grillo, un pequeño insecto que actuará como su conciencia. A veces es un insecto molesto pero esa vocecita interior es fácil de silenciar. Se consigue a base de subir el volumen de fuera. Es lo que hacemos muchas veces: no oímos la voz de nuestra conciencia debido al ruido ambiental. Esa sordera nos impide distinguir lo que está bien de lo que está mal. Parece que todo está permitido pero en realidad Pinocho sigue siendo una marioneta que cree manejar sus hilos pero lo que le crece es la nariz. No actúa con buen criterio. No es sincero.

Los padres debemos tener en cuenta que la educación no puede ser neutral. Pretender educar sin transmitir unos valores y unos criterios es imposible porque educar consiste justamente en eso. Igual que a nuestro hijo le damos los alimentos que nos parecen más adecuados, del mismo modo le transmitimos los valores que nosotros vivimos. Así vamos formando su conciencia de forma natural.

Puede ocurrir que, en algún momento, ejercer esa responsabilidad nos pueda llevar a pensar que estamos coaccionando su libertad y, sin embargo, no es así. Lo que estamos consiguiendo es cimentarla para que pueda llegar a ejercitarla de verdad. La verdad te hará libre. Una persona libre no es una veleta sino un navegante que dispone de una brújula para llegar a puerto. No podemos decirle a nuestro hijo que tome la embarcación y que, sin ningún tipo de orientación, llegue a puerto. Sería una canallada por parte nuestra.

No podemos dejar a nuestro hijo al capricho de los vientos, sino que les entregamos una brújula y le enseñamos a utilizarla. Una vez en su barco, quizá se la guarde en el bolsillo y no la utilice. Pero siempre la podrá sacar. En cambio, si se embarca sin brújula, nunca podrá orientarse.

Si formamos bien la base, si la cargamos de valores de peso, nuestros hijos siempre podrán recuperar la posición a pesar de los avatares de la vida. Los veremos ir de acá para allá, especialmente en la adolescencia, pero a la larga acabarán en pie. Es la experiencia de muchos padres que han visto cómo sus hijos han salido a flote gracias al peso de sus convicciones.

Por tanto, los padres tenemos que actuar de forma coherente:

- No improvisar. ¿Tenemos un proyecto educativo para nuestros hijos? ¿Qué tipo de persona queremos llegar a formar?

- Hemos de ir en la misma dirección el padre y la madre y transmitirles nuestros propios valores.

- Se trata de ayudarles a interiorizar esos valores porque los valores se viven o no sirven para nada. Por eso hemos dicho que hemos de vivirlos nosotros también. ¿Puedo transmitirle el valor de la amistad a mi hijo si no lo vivo yo?

Si conseguimos estar muy cerca de ellos, se creará una confianza tal con nuestros hijos que siempre acudirán a nosotros para sincerarse y contarnos los problemas que van surgiendo en su corta vida. Muchas veces, las faltas de sinceridad de nuestros hijos son culpa nuestra, porque no hemos sabido estar junto a ellos comprendiéndoles aunque a veces cueste porque a la vez hemos de exigirles si queremos que crezcan.

Son muchas las cosas que podemos aprender de nuestros hijos, de sus ideales, críticas, sentimientos, reacciones... Estos mismos casos que han ido saliendo a los largo de este capítulo nos plantean oportunidades para mejorar como personas y como padres.

Para finalizar la parte teórica del libro, recapitularemos una serie de consejos que debiéramos tener siempre presentes en la relación con nuestros hijos:

- Buscar siempre las cosas positivas de los hijos.

- Cuando se toma una decisión hay que mantenerla, eso les ayudará a orientarse.

- Disfrutemos con nuestros hijos, mantengámonos cerca. No son una carga.

- Hemos de trasmitirles que les queremos siempre, aunque cometan errores.

- Hay que tenerles en cuenta siempre, lo que dicen nunca es una tontería.

- No pasa nada si reconocéis que os habéis equivocado. No estáis en posesión de la verdad.

- El proyecto más importante que tenéis son vuestros hijos, nada puede superarlo.

CAPÍTULO 7

VAMOS A PONERLO EN PRÁCTICA

Este libro ofrece como complemento un DVD con dos cuentos. Es parte del método que aportamos para ayudaros a conseguir que los hijos sean sinceros.

Ya hemos hablado de los modelos, tan necesarios para el niño. Nuestros hijos necesitan modelos a los cuales imitar. Además de los padres, existen también otros modelos que pueden ayudar a la formación de los niños. Son los cuentos de siempre: los niños se sienten muy atraídos por ellos y se identifican con los protagonistas de la historia y quieren imitarlos. Esta gran motivación hay que aprovecharla también para ayudarles a formarse en la sinceridad.

→ ## ¿Cómo sacar el máximo provecho al DVD que va adjunto al libro?

1. Verlos más de una vez

Los cuentos pueden son para verlos más de una vez. No se cansarán nunca de ellos si se hace de forma dosificada.

Ésta es una experiencia personal que dejo clara desde el principio. A los niños les encanta ver muchas veces la misma historia, siempre que sea atractiva. No dudemos en ponérselo con una cierta frecuencia, porque cada vez que se ve el cuento se va afianzando su mensaje.

Estos modelos atractivos ofrecen criterios de actuación muy importantes para la maduración personal.

¡Qué bueno será que cuando crezca, en su periodo de adolescencia, pueda recordar esas historias que le divirtieron en su momento y que le facilitan el ser más ordenado, más generoso o más sincero! Lo que aprendió de pequeño, lo llevará siempre en su corazón. Y, para eso, es muy interesante que el niño vea muchas veces el mismo cuento y lo interiorice por completo.

2. Aprender la canción

Aprender la canción y cantarla juntos será de un beneficio muy grande para el niño, ya que en la canción están todos los mensajes que queremos transmitir a nuestro hijo. Por ese motivo, hemos puesto la letra de la canción sobre la imagen.

La música es una buena herramienta para transmitir buenos mensajes (modelos) a los niños. Les gusta cantar y disfrutan con ello. Los padres hemos de aprovechar esa situación para inculcarles esos valores a través de las letras de la música. De nuevo están interiorizando conceptos muy importantes de una forma atractiva y divertida. ¿Habéis podido comprobar la capacidad que los niños tienen de memorizar las letras de las canciones que están de moda actualmente? Pues pongamos de moda en nuestra casa las canciones de estos cuentos porque les va a ser muy beneficioso. Sugiero que cantéis frecuentemente con ellos, ya veréis que felicidad tan bien aprovechada.

La letra de la canción de la sinceridad:

SÉ VERAZ
PORQUE EL ADORNO MÁS BONITO
ES LA SINCERIDAD.

SIN TEMOR, DI LA VERDAD,
DI LO QUE SIENTES,
VIVIRÁS MEJOR.

SÉ SIEMPRE MUY SINCERO,
TENDRÁS UN PREMIO,
QUE ES LA PAZ.

LA PATRAÑA DAÑA
AL QUE ENGAÑA.

Y SI PIENSAS QUE
NADIE SABE LO QUE INVENTAS
TE EQUIVOCARÁS.

EL DIOS BUENO TE ESTÁ MIRANDO
DESDE EL CIELO Y SE APENARÁ.

SI QUIERES ALEGRARLE
HAS DE SER SIEMPRE MUY VERAZ.

DIOS SE ALEGRA CON LOS NIÑOS
QUE DICEN LA VERDAD.

SI TÚ MIENTES
PROVOCAS QUE LA GENTE
NO PUEDA CREERTE MÁS.

LAS MENTIRAS,
AL FINAL TE LAS PILLAN
Y ASÍ QUEDARÁS FATAL.

HERMOSO ES SER SINCERO
Y FEA ES LA FALSEDAD.

LA PATRAÑA DAÑA
AL QUE ENGAÑA.

NUNCA MIENTAS
PORQUE AL FINAL
LO QUE TE INVENTAS
SIEMPRE SE SABRÁ.

Y SI MIENTES,
ESTÁS NERVIOSO
Y TEMEROSO PORQUE
HAS HECHO MAL.

NO FINJAS,
SÉ SINCERO,
LA FARSA ES UN BOOMERANG
QUE SE VUELVE VELOZMENTE
AL QUE MIENTE.

Y POR ESO EL QUE ES INTELIGENTE
DICE SIEMPRE LA VERDAD.

3. Representar el cuento en un pequeño teatro de muñecos

Os sugerimos la posibilidad de construir los personajes y los fondos. Para que sea más divertido, se pueden improvisar los diálogos (si el cuento ya se ha visto varias veces). El muñeco en manos de un niño le da poder. El guión sirve como guía para ayudarles a empezar. Que invente sus propios muñecos y sus propias historias, desarrollando hasta límites insospechados su imaginación, que sepa poner en práctica en situaciones inventadas por él los valores que se le están enseñando.

Los niños aprenden mientras juegan. ¡Qué buena idea!, poder jugar y aprender a la vez. El juego influye directamente en seis áreas principales del desarrollo de un niño:

- Los conocimientos personales

- El bienestar emocional

- La socialización

- La comunicación

- La cognición

- Las habilidades motoras perceptivas

Saber jugar bien es el colmo del desarrollo total del niño. Los niños aprenden a representar sus experiencias simbólicamente, utilizando su fantasía. Jugando, los niños entienden mejor el mundo que les rodea y a aprenden a relacionarse con otras personas.

Para el niño, jugar es vivir. El juego llena su mente y su cuerpo, su mentalidad, sus emociones y hasta el ser físico. Un niño que está concentrado en sus juegos es creativo, libre y feliz. La variedad y riqueza de sus juegos ayudan al niño a crecer y a aprender. Es algo muy serio.

Se sabe que los niños que participan en juegos en los cuales hacen papeles de otras personas o cosas, estimulan la curiosidad, la habilidad de pensar creativamente y la habilidad de resolver problemas.

Un ambiente rico en experiencias sensomotrices –cosas que pueda oler, tocar, probar, empujar y tirar con seguridad– constituirá una aventura estimulante en el aprendizaje. El lenguaje permite que los niños expresen su visión del mundo en sensaciones, representaciones creativas y reacciones emocionales. En concreto favorece el:

- **Lenguaje receptivo:** la habilidad de seguir direcciones.

- **Lenguaje expresivo:** la habilidad de expresar lo que necesitan o lo que quieren y sus sentimientos.

- **La comunicación no verbal:** expresiones de la cara o gestos con las manos.

- **La discriminación auditora y de memoria:** la habilidad de entender el lenguaje hablado y de distinguir entre sonidos diferentes.

El juego da a los niños la libertad de imaginar, explorar y crear. Los niños quieren jugar. Les encanta la actividad. Estas actuaciones con muñecos son la oportunidad de jugar con los niños. Los adultos deben entrar en el juego de los niños para que un día los niños puedan entrar en el juego de los adultos.

Cómo hacer los muñecos

Es divertido fabricar muñecos y jugar con ellos. Una opción puede ser recrear la propia historia que ha podido ver en el vídeo, pero también es interesante que los niños inventen, con esos personajes u otros, sus propias historias. Es muy bueno desarrollar la imaginación de los niños.

Muñecos de palos. Material: Tijeras para niños, pegamento, pedazos de cartón, lapiceros de color o rotuladores, palos de madera...

- Recortar los diseños que se presentan a continuación.

- Colorear los muñecos. Se pueden mantener los colores originales que tienen en el vídeo o bien cambiarlos al gusto de cada uno.

- Cortar el cartón con la misma forma que los muñecos para que sirva de apoyo, ya que el papel es muy fino. Pegar el cartón a los diseños de papel.

- Si es posible, se pueden plastificar para que duren más.

- Pegar el palito de madera al muñeco para completarlo.

- Practicar, moviéndolos de un lado a otro con pequeñas conversaciones: "Hola Juan, hola Nina..."

La manera más fácil de utilizar los muñecos es sentarse en el suelo o alrededor de una mesa cara a cara. En la mesa se puede poner una sábana o un mantel encima y adornarlo con un escenario apropiado: un jardín, una casa, etc.

Los protagonistas de los cuentos:

JUAN

NINA

4. Narrar el cuento sin el vídeo

Es interesante para fomentar la imaginación del niño dedicar un rato a hablar con el niño sobre el cuento y sus aplicaciones prácticas en él mismo. Con preguntas como: ¿tú qué hubieras hecho si...?, ¿es bueno lo que hizo...?, ¿cómo te gustaría que terminara el cuento?

→ Ideas principales que se transmiten en el DVD

Este DVD que adjuntamos pretende dar a conocer mediante dos cuentos y los diálogos entre Juan y Nina, algunos aspectos de la virtud de la sinceridad. No se debe utilizar como si fuera un cuento cualquiera. Debe ser un instrumento de trabajo, una motivación para el niño y una oportunidad para poder tratar los temas con la profundidad necesaria. Llegar, en definitiva, a valorar la importancia de esta virtud.

1. La importancia de ser sincero:

– JUAN: Para qué va a servir un detector de mentiras... ¡Para detectar mentiras, Nina... ¿Te imaginas lo que sería que en todo el mundo no se dijeran mentiras?

2. Siempre te arrepientes de mentir:

– ¡Pobre niño! Nunca en su vida había sentido tanto miedo. Nunca un niño se había arrepentido tanto de sus mentiras. Hubiera querido correr hasta perderse y no volver nunca más. Hubiera querido refugiarse entre las faldas de su madre y pedir perdón, pero había mentido tan bien, que hasta su madre estaba allí, vitoreándole, sin saber que su pequeño e indefenso hijo, iba a ser alimento del dragón.

De ahora en adelante viviría con la vergüenza de haber sido un mentiroso y de haber huido del peligro.

3. Pierdes la confianza de tus amigos:

– Sí, pobre. Lo estaba pasando muy mal. Había perdido el afecto de sus amigos. Era el hazmerreír del pueblo.

4. La oración nos ayuda a mejorar en nuestras virtudes porque nos acerca a Dios:

- Tan avergonzado estaba, que sin saber donde iba, caminó hasta llegar a la iglesia. Entró y se postró ante la imagen de la Virgen. Allí rezó hasta que oyó una voz en su corazón.

- VIRGEN: No te preocupes, hijo. Has dicho la verdad y eso es lo más importante. Ahora tienes la oportunidad de enmendar tu error.

5. La imaginación es un don de Dios y se puede usar para hacer el bien:

- VIRGEN: Ese don se llama imaginación. Tú tienes mucha y si la usaras bien, serías más poderoso que el dragón.

6. Reconocer los fallos ayuda a ser mejor:

- La gente hizo una gran fiesta y el niño fue recordado siempre como el héroe que salvó a la ciudad por su gran imaginación y nadie se acordó de sus mentiras. Ah, por cierto... nunca más volvió a mentir.

7. Hay que saber medir las bromas:

- El pastor, al ver que no había tal lobo, hubiera llorado de alegría de ver aún con vida a su amiga, pero no rió ni lloró. Únicamente se enfadó muchísimo.

- PASTOR: ¿Por qué me has hecho esto? ¡Vaya susto que me has dado! ¡No me lo hagas nunca más!

8. Las bromas pueden hacer daño a las personas:

- PASTOR: ¡Me has dado un susto de muerte! ¡ He tenido que dejar las ovejas solas! ¡No lo vuelvas a hacer nunca más!

- PASTORA: No te enfades, ¿Es que no ves que me aburro terriblemente aquí sola? (Pastor se va) ¡Vaya por Dios! Pero qué poco sentido del humor tiene mi amigo Juan.

9. Si dices mentiras al final no te creerán:

- La pastora gritó y gritó, pero el pastor se tapó los oídos pensando que otra vez era broma, y no volvió. Pero esta vez no era broma. Era un lobo de verdad, con dientes de verdad y con hambre de verdad, y por más que la pastora gritó y gritó, no vino nadie a ayudarla.

10. Lo mejor es decir siempre la verdad:

- ESPÍRITU: Sé muy bien cuál es tu hacha. Te la daré ahora mismo, pero, por haber dicho la verdad, te daré también las otras dos. Vete y que seas feliz.

- JUAN: El leñador se fue muy contento a su casa y, como decía siempre la verdad, contó por el camino lo que le había ocurrido.

11. La mentira daña al que engaña:

- ESPÍRITU: No, no te la traeré, y tampoco te daré esta ni la tuya, por mentiroso. Ya te puedes marchar.

- JUAN: Y así, el leñador mentiroso se quedó sin hacha y el veraz, con tres. La mentira, daña tanto al que engaña como al engañado. Y eso me recuerda una canción que dice: "La patraña daña al que engaña".

→ La importancia de contar cuentos a los niños

Desde hace tiempo tengo en mi ordenador una dirección de Internet que es un auténtico tesoro para transmitir esos valores a través de cuentos. Se trata de http://cuentosparadormir.com/

La mayor ventaja educativa, sin duda alguna, es **la capacidad que tiene un cuento de transmitir valores.** Quizás no hayamos reparado conscientemente en ello, pero si lo analizamos, la mayoría de los valores más firmemente arraigados en nuestra propia personalidad llegaron a nosotros de la mano de algún cuento: *Los tres cerditos,* por ejemplo, nos inculcaron la importancia de trabajar bien; *La tortuga y la liebre* nos mostraban que la constancia y la modestia tenían su fruto; y *La cigarra y la hormiga* nos hicieron ver que era más rentable trabajar que ser un holgazán.

Esto no es casualidad. Todas las historias, y los cuentos son una más, tienen un argumento lógico que une las distintas partes, haciéndolas mucho más fáciles de recordar. De esta forma, nuestra memoria almacena precisamente ese hilo argumental porque es el pegamento de todos esos elementos, y por tanto la forma más sencilla de tener acceso al resto de detalles de la historia. Y es precisamente la moraleja el mejor resumen de un cuento, y por tanto lo que mejor retenemos del mismo. Así, por ejemplo, uno puede olvidar detalles de lo que decían la cigarra y la hormiga, pero no olvida que una holgazaneaba mientras la otra trabajaba para almacenar comida.

En segundo lugar, y muy relacionado con lo anterior, está **la utilidad**

de los cuentos para enseñar cosas nuevas. Precisamente por la facilidad con que se recuerda la historia principal, y por su importancia
como nexo de unión, el cuento permite acceder fácilmente a los
demás detalles. De hecho, las historias han sido utilizadas siempre
para transmitir ideas y conocimiento, empezando por la mismísima
Biblia y el propio Jesús de Nazareth, cuyas parábolas fueron una
forma de enseñanza realmente reveladora. Yo mismo aún recuerdo
el caso de un compañero de clase en el colegio que siempre sacaba
malas notas, que sorprendió a todos con una nota excelente en un
examen de historia de la primera guerra mundial precisamente porque había estado viendo un par de películas sobre el asunto...

Pero además de ser potentes herramientas de educación y enseñanza,
**los cuentos inventados y personalizados antes de dormir permiten
establecer un nexo fortísimo con los niños.** Al ser inventados y originales cada día, quien los cuenta debe dedicar toda su capacidad y
atención, aunque sólo sea durante ese momento; y eso es algo que los
niños, acostumbrados a ser el centro de atención de actos, pero no de
pensamientos (muchos padres tienen demasiadas preocupaciones
como para aparcarlas totalmente, aunque sólo sea un rato) perciben
con gran agradecimiento y entusiasmo. Y al personalizarlos (yo siempre les dejo escoger los personajes principales de la historia), los padres se obligan a escuchar y atender a sus hijos, y los niños se sienten
verdaderamente especiales. Esa carga emotiva tan grande es otro importante factor que facilita la memorización y asimilación de lo en-
señado en esos cuentos. Yo mismo he podido comprobarlo las
numerosas ocasiones en que me han sorprendido recordando detalles increíbles de cuentos que les había contado hacía ya mucho
tiempo y de los que no habíamos vuelto a comentar nada.

Finalmente, contar cuentos sin libros ni dibujos, con la habitación
en penumbra y los niños acostados, tal y como me gusta a mí hacerlo, **es una ayuda muy eficaz para contrarrestar la falta de aten-**

ción que sufren muchos niños actualmente, provocada por vivir en un mundo con tantos sobre estímulos visuales. Bajo la débil luz del pasillo, y con la tranquilizadora presencia de sus padres, los niños abren sus oídos dispuestos a transportarse al mundo del cuento, y sin darse cuenta, están aprendiendo a centrar su atención; no sólo eso, además lo hacen utilizando el oído como sentido primario, muy al contrario de lo que habrá sucedido durante el día. Yo suelo aprovechar esta situación para estimular aún más su parte visual, pero en el aspecto creativo, que ante tantos estímulos tan perfectamente fabricados, muchos no desarrollan debidamente; así que lleno los cuentos y sus personajes de marcados y vivos colores, obligándoles a imaginar cada parte del cuento.

No quiero acabar sin remarcar las ventajas de personalizar los cuentos (a quien le parezca difícil hacerlo cada día, aquí cuento cómo hacerlo de forma facilísima). **Un cuento personalizado es una herramienta increíblemente eficaz para "analizar" los comportamientos de los niños durante ese día.** Aprovechando la cercanía en el tiempo y la frescura de sus recuerdos sobre lo acontecido, mediante el cuento podemos alabar lo que hayan hecho bien, o censurar y tratar de cambiar aquello que no hicieron tan bien. En ese momento tan emotivo, los niños están tan accesibles y dispuestos, que un cuento que ejemplifique claramente la actitud a seguir será mucho más eficaz que varias horas de sermones y buenas palabras.

→ Como inventar cuentos para nuestros hijos

Había una vez un papá que quería educar a sus hijos a través de los cuentos. Investigando, encontró muchos consejos, pero le pareció tan difícil, que decidió abandonarlo.

Ese mismo día, su hija llegó a él llorando: "¡no puedo atarme la zapatilla, es muy difícil, buaa! ¡nunca podré hacerlo!". Su padre le animó: "ya verás cómo sí; es muy fácil, sólo tienes que esforzarte y practicar un poco". Y al decir estas palabras, se dio cuenta de que él había sido el primero en abandonar algo aquel día...

Así que aquella noche inventó un cuento para sus hijos, aunque no salió muy bien. La noche siguiente lo intentó de nuevo, y fue algo mejor. Al cabo de unos días, tras practicar y seguir aprendiendo, resultó que sus cuentos eran estupendos, y se habían convertido en el mejor momento del día junto a sus hijos.

¿Te suena de algo este cuento? Ahora es el mío, pero podría ser el tuyo en unos días... sigue leyendo y te contaré cómo.

Pocos son los que tienen tiempo para poder buscar un cuento nuevo cada día para poder contar a sus hijos. La única solución rápida sería inventarlo sobre la marcha, pero la gran mayoría de padres no se consideran lo suficientemente creativos como para inventar un nuevo cuento cada día. Sin embargo, es mucho más fácil de lo que parece, y aquí os presento una pequeña guía con los pasos a seguir para crear cuentos nuevos cada día.

La mayoría de cuentos, precisamente por ser para niños, son una historia con una estructura muy simple: aunque los personajes y la ambientación varían totalmente, casi todos los cuentos son parecidos. Esto es especialmente cierto para aquellos cuentos que tienen algún tipo de moraleja: la historia siempre trata de algún problema o dificultad que se crea por no tener en cuenta el valor que se muestra en la moraleja final, o se resuelve precisamente aplicando el valor que se muestra en esa moraleja.

Así que, en resumen, a la hora de elaborar un cuento, habrá que tener:

- **unos personajes,**

- **ambientarlos en algún lugar del tiempo y del espacio,**

- **presentar un problema o dificultad, y**

- **resolverlo, aplicando la moraleja de la historia.**

Igual a alguno le parece poco, pero de verdad que con tener todo eso, la historia ya está casi hecha. Y ahora os voy a contar cómo lo hago yo, cómo consigo esos elementos, y cómo los junto.

Lo primero que hago es decidir lo que quiero transmitir con el cuento, la moraleja. Empiezo por ahí porque de todos esos elementos, éste es sin duda el que más me importa cuando les cuento un cuento a mis hijos. Normalmente trato de que tenga algo que ver con algo que haya transcurrido durante el día, algo que hayan hecho bien o mal, y que aún tengan fresco en la memoria, para que les cueste menos asociarlo con el cuento. Es muy útil empezar con la moraleja, porque te ayuda a situar el resto de la historia y la pone al servicio de lo que quieres transmitir.b

Normalmente, empiezo a pensar en qué quiero enseñarles ese día cuando queda poco para que se vayan a la cama (cuando estamos acabando de cenar o lavándonos los dientes), para tener algo de tiempo para decidirlo, y empezar a pensar en un problema general que se pueda resolver con esa moraleja.b

Una vez que están acostados y ya tengo claro qué contará el cuento, **lo siguiente es elegir los personajes entre todos.** Normalmente, cada uno de ellos elige un personaje, y yo me reservo elegir el último. Aunque parezca difícil, en cuanto uno tiene una idea de qué tipo de dificultad va a tener el cuento, la elección de los personajes da pie a algunos argumentos muy fáciles de ajustar a lo que queremos contar, y es en ese momento cuando yo elijo el personaje que mejor se ajuste a la historia que empieza a dibujarse.b

A continuación toca presentar el problema o dificultad, y como se puede ver, los propios personajes contribuyen a ello, ya que será algo que pueda ser resuelto con ayuda de aquello que pretendemos enseñar.b

Finalmente, hay que hacer énfasis en la moraleja de la historia. En cuanto tengo más o menos claro cómo va a ir el cuento –y hacer los pasos anteriores no lleva más de un par de minutos–, empiezo a contarlo, aprovechando para hacer hincapié en los valores que quiero transmitir, y para ello utilizo cualquier parte del cuento que me venga más o menos bien. Y acabo recalcando la enseñanza de ese cuento, y siempre de forma positiva.b

Y eso es todo, ya veis qué poco tarda uno en "fabricarse" un cuento a la medida de cualquier necesidad, y de lo fácil que es empezar a partir de ahora a contar historias para educar.

→ Cómo contar un cuento antes de dormir

Los cuentos antes de dormir tienen muchas cosas buenas. Pero uno de los factores más importantes para aprovecharlos al máximo, especialmente los cuentos de antes de acostarse, es la manera de contarlo. Porque el cuento puede ser mucho más que una parte de la rutina o un rato entretenido, **puede ser un momento mágico y muy educativo.**

El cuento de antes de dormir es algo importante en casa. Los niños lo esperan con ilusión, porque es algo nuevo y distinto cada vez, y aquí viene su primera utilidad: a la hora de irse a la cama, **el cuento es su mejor razón para acostarse a tiempo** –y para terminar la cena, por supuesto–. Yo en ese punto soy bastante claro con ellos: si quieren andar merodeando por ahí, podrán hacerlo, pero cuando suban a acostarse, ya habrá pasado el momento del cuento. Y hay pocas cosas mejores que hacer a esas horas que escuchar el cuento de la noche...

Como ya he explicado alguna vez, **contar un cuento nuevo cada día, y hacerlo de viva voz, sin libros ni dibujos, facilita que los niños aprendan a prestar atención a algo distinto de un estímulo visual.** Hoy en día los niños están sometidos a tal cantidad de estímulos visuales que muchos tienen problemas para fijar la atención en algo que no les entre por los ojos. Yo intento potenciar esa oportunidad, y la segunda ventaja que obtengo de contar el cuento así, sin ningún apoyo visual, es que puedo hacerlo con las luces apagadas (de hecho, es una condición para empezar). Hacerlo en penumbra –dejo la luz del pasillo encendida–, tiene varias ventajas:

- permite fijar su atención en mi voz, y que utilicen su imaginación para visualizar lo que les cuento. Para ello, procuro utilizar en todas las historias varios colores –al igual que con los personajes, cada uno elige un color–, de forma que prácticamente les obligo a imaginarlos. Al final, elefantes morados, vacas rojas o canguros amarillos son bastante habituales en mis historias.

- permite que se relajen, ante la falta de estímulos visuales, que es lo que están acostumbrados a procesar, y estén más dispuestos a quedarse dormidos.

- les ayuda a dormirse antes, ya que por no haber ninguna luz encendida en la habitación durante un buen rato mientras están despiertos, pierden la necesidad de dormir con la luz encendida. Esto facilita que se duerman antes, pues los niños que duermen con la luz encendida tardan más en conciliar el sueño (una vez más, los estímulos visuales los distraen).

Empezar el cuento con el gesto de apagar la luz y una frase concreta como: "¿estamos listos?" es otro paso muy útil, ya que permite comprobar que los niños han hecho todo lo que debían hacer antes de acostarse, y que están perfectamente acostados y preparados para dormir. Como una de las normas es que el cuento empezado no se debe interrumpir para hacer otras cosas pendientes, se cuidan de hacerlas antes y de poder responder cuando les pregunte que lo han hecho todo.

Empezamos haciendo la selección de personajes y colores para el cuento. Es un momento interesante, porque empiezan a pensar e imaginar por sí mismos, y así se ponen en situación. Además, **crean un vínculo muy especial con "sus" personajes,** identificándose con ellos en muchas ocasiones, lo que les predispone totalmente para meterse de lleno en la historia.

Hasta ahora, todo este pequeño ritual no hace más que darle importancia al cuento. Pero a partir de aquí, quien tiene que hacer que sea importante es quien lo cuenta. Y si le hemos dado un aire de magia y misterio, lo hemos cubierto de expectación, y lo hemos convertido en un momento especial, **no podemos contarlo como quien lee una carta del banco.** Ahora toca sacar la parte más humana, más sensible y teatral que tengamos, olvidando cualquier reparo y complejo, y ponerse al servicio de la imaginación de los niños. Y como estamos contando el cuento en penumbra, **el tono y el ritmo de la voz adquieren todo el protagonismo.** Así que un niño triste debe parecer triste, un león fiero debe dar miedo, y un montón de amigos alegres tienen que ser una fiesta (una aclaración: yo desaconsejo contar cuentos demasiado excitantes y con mucha acción, ya que luego les costará dormir).

Los cuentos los **acabo siempre bajando el ritmo, y con una frase alegre y positiva,** que permita ver que todo acaba bien, y que incluso quienes se comportaban mal han corregido sus comportamientos. Esto les tranquiliza y les deja de buen humor, así que duermen más a gusto.b

Finalmente, lo último que hago con ellos es rezar, lo cual es útil para evitar que empiecen a enzarzarse con preguntas y aclaraciones sobre el cuento, y además proporciona una salida rutinaria y conocida, que me permite darles un beso y las buenas noches y dejar su habitación tranquilamente. Para quienes no sean creyentes, supongo que bastará con hacer algo concreto y siempre igual que sirva como transición entre la novedad del cuento y la rutina de dormir.

Epílogo

Hemos querido alejarnos de la división tradicional de la virtud de la sinceridad con la idea de buscar razones prácticas que nos ayuden a formar a nuestros hijos en la sinceridad.

En este caso, el ejemplo que podemos darles va a ser definitivo en su educación. Les marcará para siempre aquello que ven en casa en el día a día. Ese esfuerzo por ser siempre honrado y decir la verdad aunque cueste, irá formando en nuestros hijos un criterio de actuación para toda la vida.

Insisto mucho en que, a la larga, las personas sinceras, honradas, son las más apreciadas en la sociedad porque siempre puedes confiar en ellas. Y esto es lo que buscamos en el trabajo, en las amistades, en el deporte, en la vida: personas en las que te puedas apoyar y que nunca te defraudarán.

Ante la envidia, la ambición, las rencillas, la mentira, la murmuración, la calumnia se nos presenta el reto de ser sinceros. Es un camino difícil para nuestros hijos y hemos de ayudarles desde pequeños para que se den cuenta de que realmente vale la pena.

Bibliografía aconsejada sobre la sinceridad

1. FERNANDO SAVATER, *El valor de educar,*
   Editorial Ariel.

2. SUTTER, J M., *Los niños mentirosos,*
   Editorial Miracle, *Barcelona 1958.*

3. HEIKE BAUM, *No he dicho ninguna mentira,*
   Editorial Oniro.

4. PAÚL EKMAN, *Por qué mienten los niños,*
   Editorial Paidos.

5. JOSÉ ANTONIO ALCÁZAR, *Virtudes Humanas,*
   Palabra.

6. DAVID ISAACS, *La educación de las virtudes humanas,*
   Edic. U. Navarra.

7. FRANCISCO ESTEBAN, *Lluvia de valores,*
   Ediciones Ceac.

8. PILAR GUEMBE Y CARLOS GOÑI, *No se lo digas a mis padres,*
   Ariel.

9. LL. CARRERAS Y OTROS, *Cómo educar en valores,*
   Narcea ediciones.

10. INÉS PELISSIÉ DU RAUSAS. *¡Por favor, háblame del amor!,*
    Palabra.

Otros documentos:
www.solohijos.com
www.interrogantes.net

Índice